imaginist

想象另一种可能

理
想
国

imaginist

沈宏非

情急

痴男怨女问沈爷 ②

广西师范大学出版社
·桂林·

图书在版编目(CIP)数据

情急：痴男怨女问沈爷 2 / 沈宏非著．
— 桂林：广西师范大学出版社，2015.1
ISBN 978-7-5495-6298-5
Ⅰ．①情… Ⅱ．①沈… Ⅲ．①爱情－通俗读物
Ⅳ．① C913.1-49

中国版本图书馆 CIP 数据核字 (2015) 第 007289 号

广西师范大学出版社出版发行
桂林市中华路22号邮政编码：541001
网址：www.bbtpress.com

出版人：何林夏
全国新华书店经销
发行热线：010-64284815
三河市三佳印刷装订有限公司印刷

开本：880mm × 1230mm 1/32
印张：8.875 字数：150千字
2015年1月第1版 2015年1月第1次印刷
定价：32.00元

你有什么不开心的事，说出来让我们开心一下！

一部现实主义杰作!

毛尖

《雾都孤儿》是狄更斯的现实主义杰作。《包法利夫人》是福楼拜的现实主义杰作。《红楼梦》是曹雪芹的现实主义杰作。这些伟大的现实主义杰作，今天重读，一部比一部浪漫。狄更斯想不同意，到互联网上看看，OMG，“官员自砍十一刀自杀”，也会觉得奥利弗·退斯特的结局是太美好了。而福楼拜，看到我们的新婚姻法，就觉得包法利夫人够幸运的，在这个社会，还能遇到罗道尔弗和赖昂这样的登徒子，不算残酷。曹雪芹呢，看到新版《红楼梦》，不会愿意再活一次的。

所以，在给学生开列现实主义作品书单时，“现实主义杰作”一次又一次让我惆怅不已。欧，满目经典，真正的现实主义杰作在哪里？

沈宏非咽下红烧肉，亮出《痴男怨女问沈爷》。

沈爷呢，平时大家酒肉朋友，知道他会玩会吃会写，倒也不特别崇拜他，虽然好几次在饭店门口跟沈爷告别，路边走过的漂亮女孩会突然停住，怯怯地问：“是沈老师吗？”大家也就觉得沈爷粉丝多了点，并不羡慕嫉妒。

《痴男怨女》让人羡慕嫉妒。情感问答专栏写到这个份上，我相信也后无来者了。你可以拿它当小说读，出场人物近百，面子上是情色问题，骨子里是人间喜剧，而沈爷的好处是，他绝不姑息小资和浪漫，对于那些自以为在爱情和婚姻之间纠结的大小女生，他都当头棒喝："这位小三！""这位剩女！"

天地良心，这种棒喝，你的恋人不会说，你的闺密不会说，你的父母不忍心说，你去电台电视台问，还会有人夸你"为爱守候"，唆使着你最后变成灭绝师太，但沈宏非不干这种缺德事，不管你受不受得了，他就用又黄又暴力的方式讲出现实主义的情感真相：这个男人不能要！

所以，《痴男怨女》实在值得向各界尤其是妇联推广，有了这本书，我相信妇联的工作会轻松很多，而且，《痴男怨女》和《青少年道德修养》虽然怀着一样健康人生的宗旨，但沈爷毕竟红尘辗转，在他断然喝止小三的时候，一眼瞥见对方已过花季，也会无奈地暗示，如果三十高龄，那么小三就小三吧！而作为剩女，你也不用啜泣，这是本真正的疗伤书，往下看，你会发现你的命运不坏，至少你恋人和你的性取向一样。

总之，生逢乱世，带本《痴男怨女》出发，因为这是一册真正的现实主义杰作！

目录

圣诞相亲很欢乐

人海茫茫，哪里都没有情郎，这个圣诞节我只能选择和陌生人相亲这条路了啊！我想问问，圣诞节这天相亲，在节日气氛里，会不会互相看着更加顺眼，配对成功几率会比平时大点吗？你们有什么比较实际的经验？

这位姐妹，首先让我们一起感谢上帝，感谢圣诞节！等啊等，从望穿秋水一直等到忘穿秋裤，终于等来了您这么一封比较有节日气氛的来信，长期以来弥漫在本版的苦逼气氛，因您的来信而一扫而空。

大凡节日，总以欢乐祥和之和谐气氛为主，而在这种大气场之下的相亲活动，较之于平日，机遇值和风险值均有所提高，利用节假日从事相亲活动者，不可不察。

先说机遇。诚如您所言，节日气氛，普天同庆，铃儿响叮当，人儿配成双。王八看绿豆，王八更八，绿豆更绿。不管是人看人还是人看东西，的确都会比平日更顺眼，也就是说，人看人更像东西，人看东西更不像东西，尤其是节日打折促销的东西。此外，大气候轻松，小气氛轻佻，相亲的人儿，更容易没话找话，打破僵局以及浑水摸鱼。而比平日更有建设性的是，是日也，互赠礼物，共进晚餐，更能尽享进可攻、退可守之福利：成了，往后几年甚至终身的圣诞，皆可因今年此日而更别有另一层甜蜜的含义；若不成，也大可以用“那只不过是和 ta 过了个圣诞节，吃了顿圣诞大餐，很平常啊”搪塞过去，一拍两散，互不丢脸，假装什么也没发生。

再说风险。也是因为节日，张灯结彩，披红挂绿，城中除主要马路和各大酒店各大商场都会比平日看着更为顺眼之外，男男女女，也都会把自己装扮得比平日更加漂亮，分外妖娆一些。如果你和他都是姿色平平之辈，平素瞧着就不甚抢眼，不很出挑，那么，就很容易被淹没在圣诞人海的花团锦簇之中。设想一下：那日，你俩在某餐厅或咖啡厅相见，落座，握过手，四目相对，各自心里都暗自频呼“顺眼顺眼”，几口小咖啡一喝，几杯小红酒一晃，起身上个厕所，一路之上，跻身靓人丛中，阅尽潮人出没，归位之后，定睛再看对面那人——You'd better watch out，You'd better not cry，You'd better not pout，I'm telling you why——灯火阑珊处，九十秒钟之前的那只璧人，瞬间就变成了圣诞老人。

此事诚如您所言，因为节日，因为欢乐气氛，的确有可能让相亲双方互相看着更加顺眼，但成也萧何，败也萧何，正所谓今宵苦短，来日方长，当节日一旦被平日所取代，巨大的落差之下，“节后忧郁症”虽不能和产后忧郁症相提并论，更不至于连想死的心都有，但生出反悔之心的几率则相对偏高。这个，其实也用不着去看别人，星期五晚上上床之前和星期一早上起床之后，揽镜自照，个中的风险，其实不难评估。

至于我本人，青春期以来非但没有在圣诞节相过亲，就连每年的古尔邦节，也一直都是闲着，因此完全没有“比较实际的经验”可以传授，上面说的，都是比较不实际的想象。但所幸的是，您把相亲日选择在圣诞节，其实和选择在妇女节、端午节、泼水节、劳动节、儿童节、中秋节、教师节、国庆节以及光棍节等等并没有什么太大的区别（当然清明节和愚人节除外）。关于圣诞节和男欢女爱之故事，貌似只听说过日本的所谓“圣诞婴儿”。据说，因为当晚的气氛实在是太浪漫了，所以有很多情侣都选择在这一天到酒店开房，从而在来年的中华人民共和国国庆期间集中诞生出一大批“圣诞婴儿”。很显然，这件事情显然也与相亲活动和你说的“配对成功几率”无关，有关的乃是“交配成功几率”。除非您已修炼到“圣灵受孕”的境界。

无论如何，祝你圣诞快乐！相亲成功！

钻烟囱下。

富二代、官二代，中间都有个“二”

秋天去北京出差的时候，经人介绍，认识了一个北京男，人很帅，有点像金贤重，第一印象很好。朋友说他家里好像是什么高官。后来再去北京，他派了两辆车来机场接我，虽然都是奥迪，但都挂军牌。我是一个标准富二代，在浙江山区出生，读高中就被家里送到意大利，大前年回国，在父母的公司里上班，国内的事情我都不懂，那个人说话口气很大，有很多我都听不太懂，还有很吓人的内幕，比如（沈按:此处删去五十六字）……我心里没底，您觉得这事靠谱么？该继续交往么？话说我还没敢告诉父母呢。

这位小姐，你是富二代，他是官二代，虽然明摆着不是一路人，但是，这并不表示你们就不能进一家门，就被自动剥夺了交往、恋爱、婚姻以及离婚和再婚的自由，更不表示你们就不配拥有美好的未来。你也不想想，港男霍启刚全家上下三代，除了他老爸是国际奥委会委员之外，和女子三米板跳水有半毛钱关系木有？人家不也和我大保定女子郭晶晶喜结连理并且喜得贵子了么？在资源配置上，要充分发挥市场的决定性作用，而不应由阶级和门第决定。

“读高中就被家里送到意大利，国内的事情我都不懂”——对于在你父母的国内企业上班而言，这显然是个劣势，不过，在你和官二代交往上,某种程度上倒是件好事了。我的意思是说,“不懂”其实代表了你可以不受那些刻板印象和世俗成见的束缚，没有包袱，轻装上阵，以平等之事和平常之心来处理这段即将展开的关系——干脆，你就把自己当成是一个第一次访问中国首都的意大利女外宾，把他当成一个负责接待你的、长得还有点像金贤重的北京青年男干部，这样子交往起来，相信会和谐敞亮得多。

至于他说的话你都“听不太懂”，这个并不是重点，换了另一个男人，一旦进入准交往模式，我相信他讲的话你也不会明白到哪里去。当然，你讲的，他可能就更不明白了。相信我，这不重要，重要的是，你对他是不是真的有感觉？至少，你是不是真的喜欢金贤重以及你会不会真的因为喜欢金贤重而爱上长得有点像金贤重的男人？

他之所以会在你面前用很大的口气大谈那些你听不懂、我虽然听懂了但也不敢让广大读者读到的事，无非就是因为他也对你有好感，急于想让你对他产生某种不明觉厉的崇敬，属于常见泡妞小伎俩，没什么特别的，别想多了。如果这实在让你感到困惑的话，马上拿起电话，请在香港的亲朋好友代购一堆那种封面和标题都很吓人的杂志和图书给你，到手后就挑那些你最看不懂的部分重点浏览，然后再挑重中之重随口说给他听，我就不信你堵不住他的嘴，吓不死他。

总之，既然你们俩彼此都有好感，那就还是怀着一颗培养更深厚阶级感情的心继续交往下去吧，别让财产啊阶级啊军牌啊什么的成为没必要的干扰因素。其实很多事情现在也都是猜疑，你们还是要在交往中互相加深了解，你觉得你不了解他，其实他也不是很了解你，比如他是不是在北京的宫殿里抚摸凤凰以及你有没有在浙江的山区里抚摸现钞等等,彼此都别乱猜想了。不管是“官二代”还是“富二代”，还是多找共同点吧，你看，你俩中间不都有个共同的“二”字么?

三米板跳水下。

正确对待老公背上的抓痕

沈爷你好。这个年，我过得很烦恼，因为年三十的晚上，在床上，我突然发现老公背上的那几道抓痕，好像不是我弄的（大概四五天前在那个的时候我好像是有抓过他的背的）。虽然当晚因为是大年三十，不想扫大家的兴而没有问，但从第二天早上醒来之后，他背上的那几道血色的抓痕就一直不停地在我眼前脑海里晃来晃去，从年初一到上班，一直挥之不去。我该怎么办，是直接质问他，还是旁敲侧击地审问他？

这位抓抓姐，你主诉的“老公背上的抓痕好像不是我弄的”，其主题词和关键词，并非“抓痕”而是“好像”。好一个“好像”！它好像正是你之抓狂的诱因。

我的看法是，先不急于当面质问，如果他心里有鬼，但回家之后犹敢在卧榻之上公然以背示你，说明他早有应对之策，抓痕在背，成竹在胸。否则，必然会找个理由出去躲上个几天，整个容，疗个伤，毁痕灭迹之后，方才敢回家与你肉帛相见。毕竟这不是衬衣领子上的脂粉口红之类身外之物，那是上了身、入了肉的抓痕。因此，在这种情况下，只要你开口问上一句，他就有一百句在那里等着你；如果你义正词严地追问一百句，他理直气壮的回答就一定会有九百句。你信不信？你的那些问，我都能替他答了，什么“咦，这不就是大前天晚上被你亲手抓出来的么？你丫下手也忒狠了点吧！”，又什么“靠，你还好意思问，那不正是你的杰作么？怎么着？是不是想赖账啊！”，等等等等。对于这些来历不明但事出有因的抓痕，如果你自己都不敢确认那是不是你本人留下的真迹，只是“好像”什么的，届时，必然会被他一句话给生生地噎回去，非但理屈词穷，无语凝噎，搞不好还会平白无故地难过起来，生出几分内疚，至少，在从元宵节到清明节之间相当长的一段时间里，再也不能一逞你的禄山之快了。

因此，在决定对他进行提审之前，先找个能静得下来的时间——比如在浴室里剪指甲或者在店里做美甲的时候——把爪子舒展开来，让自己冷静下来，然后死死盯着自己的指甲，把自己假想为故宫博物院的一名资深古画鉴定专家，然后，把你老公的背部，假想成一纸白生生的生宣，此刻，那些恼人的抓痕，就会渐渐地幻化成齐白石先生画里那些最为世人称道的飘逸灵动的钓丝和虾须……好了，你可以开始了，以下问题，请郑重地自问：

第一，为什么我会觉得老公背上的抓痕不是出自己之手？是因为这些痕迹无论在布局、笔触、设色、浓淡、深浅、厚薄、用墨、用力、立意以及印章印泥等等多个方面，皆与老娘平日的风格和习惯不符？

第二，按照人体工学，那些抓痕所在的位置，是否严重偏离了老娘平时下手的高度？是过于靠近颈部，还是格外偏向腰部？

第三，姐之用爪习惯，是五指齐抓，还是四指连发，抑或独好“中指一指禅”？是由上而下，还是自下而上，还是只善横批，通常爱以中指加食指划出一个“二”字，而观此痕，却显然呈个佐罗式的“Z”字？

最后，还剩下一个更直观的笨办法，那就是数数了：看看自己的手，确认五指俱全；再看看他背上的痕，如果被你清晰无误地数出了六指的痕迹，再去提他过堂不迟。

以上两问，还算是入门级的，更难的技术问题，还包括对于工具和纸张的专业鉴定。比方说，钓丝和虾须什么的，究竟是用羊毫还是用狼毫画出来的，这个虽难，理论上却也可以做到，然而你要面对的可不是狼毫和羊毫之区别，而是人爪——九成是女人爪，一成是男人爪；此外，那用来做假画的纸，可以通过它是否经过人为的硫黄熏旧来判定，而你所要鉴定的介质，它不是一张纸皮而是一张人皮，而且还是同一张人皮。再说了，同样都是男人的皮，岳母刺字，好歹也算是刺下了四个象形文字，而你要考据的，却只是几道涂鸦样的抓痕，连笔画也谈不上。

如果你无法对以上问题做出明确回答，我劝你还是趁早打消那些愚蠢的念头为好，判自己放弃追究，判老公免予起诉——到了这一步，你又要把自己的角色从一个鉴定家转为一名画家了。你知道，在对待真画假画的问题上，中国的画家向来分成两路，一路如范某，爱较真，动辄高调称人家买的是假画，一不小心打起来，甚至还要拳脚相加，吃相那是相当难看；还有一路，善作画，更会做人的，如刘某某，遇藏家出示“好像是”或“好像不是”的藏品求鉴定，多是笑而不语，若在兴头上，心情好，好到手贱发痒，还会给人家补上几笔以示背书。我的话你听明白了吗？择日不如撞日，今天晚上，你也来给你老公的忠诚“背书”一下吧，也就是说，在他的那几道旧痕之上，再狠狠地抓上几把，索性主动地把水搅搅混，把局搞搞乱，顺便你也泄泄愤。眼不见，心不烦；眼见了，心也不烦。证据不足的突击审查，实在不宜乱搞，搞多了，非但背上的抓痕无法消除，你们的婚姻，也势将难以挽回地现出裂痕，还是哥窑的。

我的朋友胡适之尝言："做学问要在不疑处有疑，待人要在有疑处不疑。"对你而言，既要用做学问的态度对待老公背上的抓痕，又要以待人的精神来对待你的老公。哪个该抓，哪个该放，自己看着办吧。

挠背下。

她打她的飞机，你放你的飞机

真没想到这么狗血的肥皂剧剧情会发生在我身上！和老公结婚后才发现原来他之前有个谈了三年的女朋友，因为性格原因老公和她分手了，结果她不依不饶地继续纠缠着老公。至今我们已经结婚五年，他们也分手七年了。她一直偷偷摸摸地 email 给我老公（她把邮箱地址、寄信人以及邮件标题都精心伪装成垃圾邮件或其他人的来信，不是我偷看，我懒得注册我老公就把他邮箱让我一起用了），偶尔还在午夜发短信给我老公，内容都是讲述自己如何爱他如何想他，过去如何如何开心现在如何如何悲惨，并且明示暗示她目前这一切悲惨境地都是我老公造成的，动不动就说不想活了，要求我老公用以前她男友的口吻和身份回信。我老公忌惮她分手后得了忧郁症（曾自杀一次），又有点内疚和怜悯的情绪，所以顺她的意回过几次信，当然现在我反对后已经完全不理她了。

我也挺为她担心的，都三十出头的人了，脾气性格又很要强，白天人前看上去好像开朗强硬的样子，到了晚上就哭，搞得自己生理心理都是毛病，看上去将会就此蹉跎一生，实在是太可惜了。

由于她文科出身，平时擅长写写文章，讲话牙尖嘴利全是她的理，所以身边没有一个人能说服她，包括父母，她经常看杂志报纸，希望你们能开导一下她，希望她能看到你们的回复，或者我想办法把您的回信寄给她，帮助她拨云见日，迷途知返，重新找到幸福的道路，也免得我老公内疚，我担心。万分感谢！

一个女人

这位女人，你的肥皂剧，剧情之“肥”，狗血之“狗”，让老夫有了一种和狗一起浸泡泡浴的感觉。从这个浴缸里出来之后，我发现，需要“拨云见日，迷途知返”以及被“开导一下”的，不是你老公的前女友，而是你老公本人。

她的行为，不怎么合理，但大体合情；就算不太合人之常情，最起码也合人之痴情，狗之血情，更合乎任何一种肥皂剧之肥情。分手七年仍然纠缠不休，七年很长么？当然，对于腌制一条金华火腿来说，年头是长过了头，但对于你老公和前女友的那一腿来说，这个长度，那就是小鸡鸡和大腿的差距了。七年算什么，抗战八年的 N 多年后，战胜国和战败国各自的愤青和愤老们不还在纠缠着 N 年前的恩怨么？要知道，足够长，正是肥皂剧的特征。足够长的肥皂剧，不是什么十季两百多集的《老友记》，也不是十九季三百多集的《辛普森一家》，而是以“世界上播放时间最长的电视剧”被载入吉尼斯世界纪录大全的美剧《照明灯》(*The Guiding Light*)，1937 年首播，2009 年大结局。从电台播到电视，从肥皂广告播到洗衣粉广告，从搓衣板时代一直播到洗衣机时代，又从洗衣粉时代一直播到洗衣液时代，总计 15700 集——七年？喝喝，你家的肥皂剧，还只是微微地冒起了几个泡泡而已。

白发三千丈，缘愁似个长。她的长情，她的不屈不挠以及不依不饶，一大半是被你老公惯出来的。在这出以“阴谋与爱情”为主题的肥皂剧里，他的前女友出演女一号，你老公是男一号，这不奇怪，奇怪的是，他非但是男一号，制片人是他，导演也是他（还是个循例潜规则了女一号的导演），剧情、表演、长度以及故事发展走向，都由他一手操控。假设一下，如果收到 email，他从来不回，或直接设置为垃圾邮件，或干脆改用另一个邮箱（吐血推荐 Gmail 或 Hotmail，推荐理由：经常性地收不到也发不出，防骚扰功能超强！）；又假设，收到午夜短信，也不回，第二天一起床，立马在手机里将该号拉黑，或者像对待骗子短信那样予以删除或举报——剧情若是按这个样子发展，这出肥皂剧早特么就演完了，三个人的剧组也更早地就特么解散了，哪儿那么多烦心事？什么叫“忌惮她分手后得了忧郁症”？什么又叫“有点内疚和怜悯的情绪”？少装情圣了好不好？都和你结婚五年了，还内疚以及怜悯个屁啊！有种就睡她别睡你。内疚？我看他主要是内急吧。这种行为和我国的禁烟政策一样，今天这不让抽，明天那不让抽——这不是找抽么？这不是矫情么？真有林则徐那样的禁烟决心，真有种，就把全中国烟店和烟厂都给老子禁了烧了。太虚伪了这也。

所以，她要死，就让她去死吧！相信我，不回她短信，不回她邮件，不和她玩角色扮演游戏，她绝对不会死，当然，不让她发短信发邮件，她说不定真的会死——我的意思是说，她长期不懈地纠缠，主要的原动力很可能是她对这种行为的高度成瘾性依赖，瘾症。她迷恋的男人已结婚五年，这个肉一般的事实她不会不晓得，除非她是铁了心要死等到你们在第七年离婚，否则，再痴情的女子，也绝不至于笨到会去用自己的一辈子来赌你的一被子。但是这并不妨碍这七年来她每天都在不停地用她的手指打键盘，打飞机，生生地打造出了“我仍然在和我爱的男人谈情说爱”这一幻境，并且让自己不负任何责任也不付任何房租地住在那里头。因此，别理她就好，她打她的飞机，你放你的飞机。多和谐，多欢乐。

最后说你几句。在该肥皂剧中，你的角色，既是无关紧要的女二号，又是全球唯一的观众。鉴于此身份显而易见的特殊尴尬囧以及二，建议你对自己采取断然措施，从电视机的里面和前面全身而退，永远息影，终生拒看。王阳明先生曰过：“你未看此花时，此花与汝同归于寂，你来看此花时，则此花颜色一时明白起来。”你也是，你未看她短信时，此女与汝同归于寂，你来看她短信时，此女颜色一时明白起来。与此同时，你的心也就一时糊涂起来。

你永远无法叫醒一个装睡的人。

洒狗血下。

血染的燕窝

杯具了杯具了！半年前，公司里新来的女同事，老公是马来西亚人，经常帮她带燕窝。看着她的肤色越变越好，我也很动心。不过,我老公是西医（他一家人都是西医！）,对这种事打死都不信，还说我浪费钱。大吵一架，赌气之下，我索性自己买，好在淘宝上就有，还是血燕盏，直接快递办公室，每周都让秘书用电炖盅给我炖一次。前几天,看到电视台说血燕都是假的,还对健康有害……天呐，这件事你们认为可信吗？我到底该信谁？还有我老公，我是要实言相告，向他低头认错，还是瞒着他呢？毕竟他是医生啊。

这位大姐，电视台可不可信？ 这个，得看怎么个讲法了。我个人的态度是，与电视机相比，电视台就显得没那么可信。也就是说，其可信与否，得相对而论。比方说，当电视台在广告节目里宣扬某牌子的燕窝有多养颜多美容，宜积极地持疑；当电视台在新闻节目中揭发某一类的燕窝是多有害多坑爹，应消极地采信。这一次，我是由衷地建议你权且就像你相信你的电视机那样信它一回，到底是关乎卿卿性命。

中招了，是否要让老公知道，这取决于你是否已然确信自己的容颜已然发生了可喜的改变以及自己的内脏已然遭到了可怖之伤害。若两者皆不确认，不建议你立即去向老公坦白。诚如你所言，毕竟他是医生，还是西医，在燕窝这种东西出现在他的处方药品清单里之前，有效还是无效，有益还是有害，你是断然说不过他的。他一定会义正词严地正告你，根据实验室里出来的化验报告，天然燕窝含水分约 10%、蛋白质约 60%，其余成分包括微量脂肪、纤维质等。除了糖和多种氨基酸外，燕窝的灰份里还含有钙、磷、钾、硫等矿物质。按照这个结果，燕窝的营养成分不会超过鸡蛋和白木耳，甚至还比不上他的精液。那结果，必定是坦白从严，抗拒更严。

科学和玄学，理科和文科，医学院的实验室和办公室的茶水间——在如此悬殊的力量对比之下，你还要主动去向他承认自己不仅自说自话地买了燕窝，而且买来的还是含有超标亚硝酸盐的假血燕……即便你不在意自取其辱，自折其寿，却也难逃谋杀亲夫之嫌。毕竟，他不仅是西医，更是你老公。

为了确认你本人是否已成为亚硝酸盐的受害者，建议尽快延医（若医院不提供此项检查，就想办法出趟国，回国的时候，务必主动向海关申报，让动植物检疫所帮你做个全身检疫）。不过在此之前，也不妨自查一下先，自查项目如下：

第一，燕窝要怎样吃才会有益？或曰：燕窝要怎样吃才能有害？这个，薛宝钗在《红楼梦》第四十五回里跟林黛玉负责任地说得分明："每日早起，拿上等燕窝一两，冰糖五钱，用银吊子熬出粥来，若吃惯了，比药还强，最滋阴补气的。"尽管《红楼梦》里的那些把燕窝当成燕麦窝头那样年年吃、月月吃、天天吃的人早就死绝了，但考虑到你毕竟也才吃了半年，而且只是每周一次，服毒史不长，故不管是有益还是无益，都是有限的。你的情况，有些像春秋战国时代的卫国国君。当时，晋文公买通巫医给仇人卫成公下毒，“使人鸩卫成公”，但山西人毕竟斗不过河南人，卫国方面也买通了巫医，出价更高，让巫医把药量减轻、用药频率降低以减轻毒药剂量，“令薄”，结果是，卫成公非但没有被鸩死，还硬硬朗朗地继续活了三十年。（以上均据《史记 · 卫康叔世家第七》）

第二，如果你那女同事吃的并非血燕，如果她的皮肤继续地令人不容置疑地越变越好，如果你的心仍然为之所动，我以为，那就换一种颜色正常些的继续吃下去吧。不过，无论是血燕还是官燕，燕盏还是燕碎，燕窝对女人是否有效，某种意义上，还取决于它是亲夫（含奸夫）的馈赠还是自己花钱买的。如果是后者，非但不容易吃出预期的效果，搞不好还有可能吃出一种莫名的、悲催的、苦逼的挫败感和“折舵”感，还真不如吃鸡蛋呢。有鉴于此，你之前吃下去的假血燕，在因剂量过小而令安全系数倍增之外，其毒效又要打上个六折了。

除此之外，当假血燕已被证实都是用燕粪熏蒸出来的、什么“年老体弱的母燕呕心沥血之作”的神话已然破灭之际，你还是可以心存一个小小的美好愿望的，那就是，用来熏蒸自己吃下去的那一小坨燕窝的那一大坨鸟粪，是由几只年老体弱并且长期拉稀的燕子拉出来的。

最后，建议你关心一下每周帮你炖燕窝的秘书，理论上，她被有害物质熏蒸到的机会要比你略高。

吐血下。

所谓“情侣装”，无非“装情侣”

春天了，又要换季了，这两三年来，每年换季，我女朋友就会兴冲冲地到淘宝上购买新装，买她自己的倒也算了，可是，她每次都要把我也拉下水，因为她还会特别去买一些情侣装！这我也就忍了，毕竟我就是那个“情侣”。可是，可是，快递送到以后，包裹拆开以后，她还硬逼着我穿！更为令人发指的是，她还要我和她一起穿着情侣装上街！对我来说，这是一件超尴尬的事！每次，都要为这个大吵一架，不欢而散。最后还要我请她吃饭以安抚并赔罪。我实在是怕了她了，你说，她这样做，到底是出于一种什么心理？她是变态吗？是心理问题，缺心眼，还是品位问题？我该怎样才能逃过这换季的一劫？

求解救。

这位亲，欲求解救，不要急着去寻求对付你女朋友的方法，而是得先行破解情侣装的密码。

着衣之道，怕就怕“撞衫”二字。两支正在激烈肉搏的军队（只限穿全套制服的正规军）、两支狼奔犬突的橄榄球队、正在巡房的主治医生以及彼时正躺在病床上呻吟的病人——世界上害怕“撞衫”的人绝不只有这些。情侣装，偏偏就是一种有组织、有预谋的“撞衫”行为。

其组织及预谋的唯一目标，就是企图“使情侣们在旁人眼里留下‘这俩看上去就是一对儿’的印象”。所遵循的，正是它独有的那一套 T.P.O 原则中的“目的”（objective）项。

有一句形容俩人“要好得不得了”的老话，这就叫做“好得恨不能穿了一条裤子”。情侣装要向广大观众所做的绿林好汉式的表白，就是“虽不能同年同月同日穿着同一条裤子，但愿能同年同月同日各自穿上两条同样的裤子”。

情侣间对“情侣关系”的确认和强化，在室内，通常要通过某种难以免俗的“去布化”行为（也就是俗称的“脱光”）；场景一旦转换到户外，情侣装便开始发挥其无可替代的“有布”效应。事实上，布 / 织物的主要作用第一是掩盖，第二就是彰显。后者除了制衣，还包括树旗帜、拉横幅、写标语，等等。这种矛盾的特质，大大简化了服装（包括情侣装在内）的社会学及人类学功能——不管其象征的是“异”还是“同”，本质上所要体现、确认以及“求确认”的，无非是一种特定的关系。

除“做了一处”的公开宣示之外，情侣装的能指其实颇为暧昧复杂。情侣装既能“告诉别人我们是情侣”，而在某种情况下，它又兼具“告诉自己我们真的是情侣”的自我暗示功能，尤其在彼此（或其中一方）对这种“情侣身份”不甚确定的情况下，就像结婚证书一样，情侣装适时地起到了一种由外向内的证明作用。

所谓“情侣装”，无非“装情侣”。

当然，情侣装的“宣示”功能还体现为一方对于另一方或者相互的“占领”，象征意义接近于“易帜”，即在拔掉对手的旗帜之后胜利插上代表己方色系的旗号。“阴谋论”一点地说，亦不妨视之为一方换上了“敌方”的制服，取得“敌方”的信任，以改变自身“外部”的方式成功打入了“敌人”内部。

有的时候，“拉大旗做虎皮”也不纯粹是用来吓唬别人的。

以上，就是“情侣装”得以存在的全部理论基础。至于你女朋友何以会如此持续、稳定地对此保持着高度的乐此不疲，我觉得，表面上是她的占有欲指标爆表，但是在她的内心深处，恐怕还是对你们目前的这段关系的稳定性不太有把握，心怀忧虑。她不是缺心眼，而是严重缺乏安全感。

因此，她的行为还谈不上变态，更与你关心的“品位”无涉。诚然，就单纯的衣着而言，至少在情侣装的系统内部，还是存在着品位上的差异的。一般相信，比较有品位的情侣装，不会一味为了求同而罔顾自己和对方的身材和气质，而是以相同或类似色系或者款同式异的方式对“情侣关系”做出一种低调的、鬼鬼祟祟的暗示。但是，情侣装的这种时装性却总是会被爱情一举压倒。也就是说，如果你同意非洲象的皮肤勉强可以算是它们的“行头”，那么，当两头同一品种的大象之皮肤因进入发情期而同时呈现出咖啡色时，据此而做出的任何与“品位”有关的评价和判断，都将显得无比草率而弱智。

综上所述，你的求解救之道，重在设法找到她缺乏安全感的命门，缺什么，补什么。至于她何以如此地缺乏安全感，这个，就得靠你自己去耐心求索了，我一时也帮不了你。在此之前，尤其是在眼下的这个换季的当口，逼你穿情侣装，就是她要的安全感，而你能做的，除了妥协，还是妥协。当然，为了免你尴尬，为了免她生气，你不妨也可以试着和她商量，比如，是不是可以上把淘宝去淘一下内衣版的情侣装？如果她同意，如果淘宝确实有，如果淘宝上的内衣版情侣装也搞换季活动，不妨买回家来和她在卧室里同穿，同乐。

动之以情，晓之以理，你还可以这样说服她：穿着内衣版的情侣装一起上街，说不定还能把原来的那种肤浅的明爽内化为一种更深刻的暗爽，何乐而不为呢？

问世间，情为何物？比之于伟大的情，比之于更伟大的情侣，问“情侣装为何物”就显得没意思了。毕竟只是几片布，大不了也就是几片质地和花色相同的布，能忍还是忍了吧。或者，你就权当是练习一下，适应一下。要知道，将来拍结婚照时，还会有一套接着一套的傻逼中式长袍马褂或西式燕尾礼服等着你呢。

其实，我并不是不能理解你对这种被迫“撞衫”的糟透了的感受。在绝大多数的公共场合，尤其是在那种具有某种特殊意义的公众场合，一旦发现与人“撞衫”，那种惊悸的感觉，可能并不亚于两辆汽车在高速公路上迎头相撞——这还只是“撞”了丝巾或者“撞”了外套，像情侣装这种从头到脚的迎头碰撞，其视觉及心理冲击力之强烈，用“车毁人亡”已远不足以状之，“火星撞地球”显然又有点过分，但是最保守的说法，也合该是子弹火车撞了磁悬浮列车。但是，话说回头，谁让你们是情侣呢？既然做了情侣，撞衫就是小事了，因为在不久的将来，你们说不定还会撞房、撞床、撞孩子、撞人生、撞骨灰盒呢。撞就撞呗，反正都是机动车，互相负全责，等于免责。

记得给好评喔。

冲钻下。

是忧郁症还是人品问题？

我不知道自己是不是得忧郁症了……春暖花开，我却一天比一天打不起精神，早上不想起床，夜里失眠，下午瞌睡……反正，情绪是一天比一天低落。看看身边的每一个人，不管是同事还是小区的保安，甚至家里的钟点工，谁都兴高采烈的。更可悲的是，连我最信任的人、男朋友竟然都不理解我，果断认定我不可能得忧郁症，还总说我是工作压力太大，叫我辞职……为什么没有人相信我得了忧郁症呢？

这朵奇葩，油菜花开，本来应该是发花痴的旺季呀！本来，你应该在来信中热情洋溢地提到，每天一进办公室，下级就排山倒海般地要性贿赂你，上司则脸红脖子粗地欲性骚扰你；一进小区，保安的制服诱惑让你心旌荡漾；一进家门，一眼见到那个正在弯腰操作吸尘机的钟点工大嫂，竟突觉其摇曳生姿，有那么一二刻，也忍不住有临时改一下自己性取向的冲动，blabla……你倒好，春暖花开，偏偏怀疑自己患了通常在冬天才会高发的忧郁症，玩了个反季节的，这未免也玩得过于厄尔尼诺了吧？

好吧，既然你都忧郁到专门写信来问我了，说明你的确也是足够忧郁的了。尽管你是不是真患上了忧郁症这事我说了也不算，但还是循例赠你两句吧。

人的情绪，是有变化的，造成情绪变化的因素，那就多了去了，季节是一种，天气是一种，吃得以及拉得好不好、爽不爽，都算。总而言之，人的情绪，它不能够是直线的，如果是，我就要劝你去戒毒了，因为那是吸食氯胺酮（俗称“K粉”）之后才会出现的典型反应。

因此，你的情绪低落、你的失眠、你的无精打采，都只是相对于你曾经有过的“情绪高涨”、“睡到自然或非自然醒”以及你曾经有过的“兴高采烈”而言，和小菜场里的猪肉价格一样，属于一种正常的波动。一直低落或者一直高涨，那都是非人类所有，只能是上证指数和发改委制定的油价。

话说到这个份上，我依然不能判断你究竟有没有病，当然，你也看到了，我并没有像那些没良心的那样一口咬定你不是忧郁症并且鄙视你那是在装病，我只是有些怀疑，你的问题，主要还不在失眠和无精打采等等你主诉之症状，而是对于自己“是不是得了忧郁症”这件事过于忧郁了。在某种程度上，也许在你的潜意识里，是不是觉着得个忧郁症啥的还挺时髦的？挺有气质、挺有文化、挺内涵、挺有深度的？你的字里行间，似乎弥漫着一股“怀病不遇”的怨气：“天呐，我明明就是得了忧郁症，为什么偏偏就没有人相信？我怎么那么命苦啊？”——你，老实说，有这个意思没有？是这个意思不是？

因此，切勿模糊“忧郁”和“忧郁症”之间的明确分界，更不宜把“忧郁症”和“人品问题”混为一谈。

常言道，没什么别没钱，有什么别有病。而确认自己是不是真没钱以及有真病，都得上医院。没病别找病，有病别怕病。还是去看医生吧。就算在你本人的一再强烈要求下，老天爷开了眼，让你求仁得仁地如愿地患上了如假包换的忧郁症，事情也不会像你想象的那么可怕，一如它不会如你想象的那么文艺，无非就是开点药给你吃吃，那药也不太贵——相信我，只要遵医嘱，吃对了药，从今往后，咱们老百姓，真呀么真高兴，咱不仅自个儿不再忧郁了，而且瞧身边的任何人，包括你男朋友、你同事、小区保安和家里的钟点工，都能让你打心底里觉得他们一个个全都得了忧郁症。

吃药下。

周公帮你选老公

我有两个男朋友，同时。今年我三十六岁，我觉得应该是决定的时候了。两个人都不错，一切外在条件各有所长，可以不列入比较范围。我做了一个梦，我觉得这是一个暗示，但我找不到答案。梦的前半段，我梦到男友A，身材诱惑，我感觉到他靠在桌子上，我忍不住走过去，从背后紧紧贴着他。梦的后半段，我梦到男友B，他半躺在沙发上，我同样忍不住去靠近他，但是是以那种树袋熊的姿势，趴在他身上，然后睡着了。你能告诉我答案吗？

这位女齐人，本栏目开张至今，来信求解救者有之，求解决者亦有之，求解脱者有之，求解剖者有之，求解散者亦有之，求解梦者，这还是破天荒头一遭。痴人说梦有木有？但先前的那些，以痴人居多，说梦的没有。

遗憾的是，老夫不懂解梦，别说解不了梦，近年来就连做也不怎么会做了。鉴于回复读者来信乃职责所在，不得不胡乱说上几句，你聊以解忧，读者诸君则聊以解闷。有则改之，无则加勉。

因来信所述梦境在道具、服装和布景上的奇缺，又是一部黑白默片，此梦之所遗，唯余人物三，家具二，动作四，还分上下集。因此，我只能就你的这些梦遗，去查了一下“周公解梦”，以下的话，都是周公上了我的身之后说出来的，完全彻底与本人无关，你且仔细听了：

“梦见桌子，乃不祥之兆，主家庭开支增加；而女人梦见桌子，主家庭产生矛盾。”至于出现在下集里的沙发，这个，鉴于中国古代、至少在周公姬旦时代并无此物，只好以功能上近似的椅子来替代了：“梦见椅子，大吉大利，会被选为宗教或社会团体的领导人。”解梦至此，你也别急着下结论，因为用椅子来替代沙发，功能近似，符号学上却显然不尽确切。即便就功能而论，亦有牵强之处，因为一个成年人不太可能“睡”在一把椅子上（公园里的那种长椅还差不多），也就是说，一把椅子不够长，至少要用两把椅子并起来才行。故“沙发”这个符号，只好用“二椅子”来取代。这把有缝拼接的“二椅子”，则应了“周公解梦”里的这一句：“梦见坐在断裂的椅子上，会名声扫地。”

比沙发难度更高的符号，是“树袋熊”。我估计，这种无比卡哇依的动物，周公本人生前别说亲眼见过，就连梦里也未曾一睹。“周公解梦”里只有狗熊、黑熊以及白熊，就只好搁置存疑了。但这似乎也并不妨碍大家据此几点一起来玩连连看，为你勾勒出一幅婚后生活的图景：

一，嫁 A，败家，婚后不太幸福，主要是因钱的事情吵架；

二，嫁 B，会因“被选为宗教或社会团体的领导人”而“大吉大利”，也就是说，你或他都有机会当上类似慈济功德会、壹基金、二基金或者“高速公路拦路抢劫被拐卖狗狗基金”这类组织的领导人，至于“名声扫地”，大概是因为你们当中有人后来贪污了属于组织的善款或者偷吃了被组织救回来的狗狗……很显然，按照周公解梦，你的 AB 男友，都是正衰公，都嫁不得。

东方不亮西方亮，周公不行有“外”公，西方的弗洛伊德老公公，也搞解梦的。人家解梦，既讲静物，也讲符号，更以动作为强项：男友 A，“靠在桌子上”，立姿；男友 B，半躺在沙发上，卧姿；至于您本人，不管对方采取何种姿势，则一律是靠之，贴之，抱之，趴之。这表明，你把他们都当成了一棵树、一根电线杆子或任何长条形的柱型物体，它们能给你提供依靠，给你安全感——重大区别在于：A 是直立的，B 是倒卧的——你潜意识里无耻的如意算盘，是不是“和 A 玩激情，和 B 过日子”呢？两人在梦里的出场顺序，也为这个猜想提供了佐证：先梦到 A，后梦到 B，这就好比一场足球比赛，首发，通常是最生猛的，状态最佳；但是，A 虽然在肉体上比 B 更吸引你，但他自己站着，也让你站着，还背对着你，就像鲁尼那样令弗格森爱恨交加，放心不下。所以，下半场一开始，你不得不将“鲁尼”换下，召唤坐在（或卧在）替补席上的“贝巴”出场，虽然活力不如 A，却胜在持重、稳定，让你感到更安全，更舒服，并且舒服到睡着了。

我非专业解梦人，不是周公派，也不是弗洛伊德派或者荣格派，我这种苹果派的，解不好，瞎解。不过信梦，信周公，信弗洛伊德，不如信自己。你发现没有，不管人家是立姿还是卧姿，你不仅一律都把自己的身体贴将上去，而且都是因为心里的“忍不住”。这个，从细里说，是因害怕被岁月无情地“封剩”、降级而焦虑；往糙里说，从身到心，从里到外，你恨嫁，你好色，你是一个大姣婆。再不嫁，欲火焚身的你马上就要自燃了。所以，你的当务之急，不是选择，而是时间紧，任务急，管他 AB，赶紧嫁掉，全取三分，保级了事。

做中国梦下。

猜心游戏

我的个人条件绝对不差，最起码比“非诚勿扰”里大部分的男嘉宾都好，对女人，我自问更不算是一个粗心的男人。开始交女朋友之后，我妈妈也一再叮嘱我，女人心里有话不说出来的，要去猜她们的心思，对女人要细心细心再细心。所以，每一次约会回家，我都会对约会过程中的每一个细节做彻底的检讨，看看自己哪里做对了，哪里做错了。但是，这几年前前后后交过五个女朋友了，其中有别人介绍的，也有自己在网上认识的，交往都很愉快很顺利，但有的三个月，有的半年，最终还是全都无结果地分手了。连手也没拉过，别说亲吻什么的了。我想知道，在这些女人的心思里，我到底是哪里做错了？

这位猜心哥，如果你条件不错，和女人约会交往过程中也没犯啥大错的话，那么，不是你太强、强到让那些女人自惭形秽并知难而退，就是你一个小错都没犯，只是犯了一个愚不可及的大错：该出手时没出手。

我说的“出手”，不是抢买单，也不是拉车门，更不是抢着拎包——如果说不以结婚为目的的恋爱就是耍流氓，那么，像你这样不以拉手及亲吻为必要手段、即“不耍流氓”的恋爱，就是耍无赖了。动手不动口，是小人；动口不动手，是君子；手和口都动的，是多动症病人；像你这种手和口都不动的，在女人看来，简直就不是人。

猜别人的心思好玩么？费尽自己的心思去猜别人的心思有意思么？“女人心，海底针”，别忘了，那可是根“海底针”，绝不是锅“海底捞”。就算你能用像“海底捞”对待顾客的那种细心去捞她的心思，你的“海底捞”还是永远都捞不到这根海底针的。当然这也不能全怪女人，因为经常性的——就像我姥姥生前做针线活的时候那样——就连她们自己也不知道把针藏在哪里了。

就算被你侥幸捞到了一次，但到手的那一根，可能就是龙宫里的定海神针。这针，忽大忽小，可粗可细，能屈能伸，变幻莫测——你以为自己是孙悟空么？

女人也是人，她们的心和你我一样，也是肉做的。所以，对于她们的心思以及与她们的相处之道，你只要严守一些最基本的普通社交礼仪，比如注意个人卫生、抢着买单等等就已足够，其他的，若不能随机应变，就让它一切随缘好了。以不变应万变，错不到哪里去的。心思什么的，和发改委下一次宣布汽柴油涨价的确切日期，下周一收盘时的上证指数以及每年的高考作文考题一样，都不是你我能猜出来的。

在遵循基本社交礼仪的同时，时机一旦成熟，就要果断坚定地采取必要的“非礼”手段：耍流氓，直接摁倒。我猜，你的恋爱全都无结果分手，一定是错失了那些时机，一起混个大半年小半年的，都混成熟人了，想下手都不太好意思了。还是段子说得好啊：白娘子故意下雨骗许仙的伞，祝英台十八相送时装疯卖傻调戏梁兄，七仙女挡住了董永的去路，牛郎趁织女洗澡拿走她的衣裳……结论：这些故事告诉我们，伟大爱情的开始，总归得有一个先耍流氓！

看看人家这流氓耍得！而且大多数都还是女生先耍。你一个大老爷们儿，随身携带全套犯罪工具并且二十四小时不离身，情何以堪？

“女人心里其实都渴望被所交往的男人摁倒”——不不，这层意思，女人没有，我也没有。我更不是怂恿你去强奸妇女。为了你我的安全，对于你这种“恋商”偏低者，我还是把话说得保守一些较妥：发力之前，不妨先试摁一下，若有“很好摁”的手感，对方甚至还有些“顺势倒下”的意思——对，就像在足球比赛中让你生气的假摔那样，那你就继续往下再摁摁，一旦发生反弹尤其是那种持续的并且愈来愈强的反弹，当立马停止。该撒手撒手，该撒丫子撒丫子，一切自己执生。

也绝不是为了摁倒而摁倒，摁倒是一个必要的过程，最起码，她在被你摁过一次之后，不管结果是“如果她倒下，再没有起来”，还是“她刚一倒下，马上就起来”，从此之后，对你来说，她们的心思就会变得比以前好猜得多。

你这种生手，切不可乱摁一气，搞不好摁下葫芦起了瓢，节外生枝。你更要明白的是，“摁倒”其实只是一种修辞，修饰的是一个观念。对你来说，先练习一下如何把自己在观念上摁倒，会比直接去摁倒你的女朋友来得更安全。麻将会玩么？“推倒和”常做么？恋爱尤其是临近摊牌阶段的恋爱，其战略和战术在本质上和“推倒和”相类：你必须全程都勤于并且勇于去碰、去杠，推倒才能和，推倒才能摊牌，切不可完全依赖于默默的自摸。

拂尘下。

嫁给“卢卡斯”，谢绝“谢霆锋”

有一个富二代正在狂追我。以姐的姿色和气质，这本来很正常的，但这一次让姐比较不淡定比较烦的是，这个富二代他爸爸，在见过我之后，也开始追我了！解释一下，我没有翁帆那样的勇气，嫁给比自己大几十岁的男人，这个富二代的老爸，因为是从乡下出来的，结婚早，二十几岁就生了他，所以父子两人年龄差距并不大，看上去也像两兄弟，而且早就跟乡下老婆离婚了。说实话，这两个男人我都不讨厌，各有所长，但问题是，我到底应该接受哪一个？

这位人气姐，一女被两男同追，好比公路上因被一车追尾而造成三车连环相撞，本来也很正常的，不正常的是，一女为父子二人共求，同样因追尾而造成三车连环相撞，但追着撞上来的那俩，一部是奔驰 S600，一部是奔驰斯马特。这种事故，就比较罕见了。

虽然罕见，但这事要是搁古代也好办，尤其是以您的姿色和气质，无非是先事奉大王，等大王变成先王，再接着事奉今上，按照长幼尊卑，排好队一个一个来。汉代的王昭君，唐朝的武则天，都是这方面的成功女性。可那是万万恶的旧旧社会，在今天是万万不行的，不仅有吾国之公序良俗严管着你们，就算公序变母序，良俗成恶俗，就算他父子俩都表示无所谓，不介意，但估计您的体力和精力也无福消受，尤其是以您的姿色和气质。

既然他俩都爱您，既然这俩您都不厌，那么可供权衡之用者，剩下貌似也只有名分二字了：嫁富一代，您就是富一代他后妻，富二代他后妈。这俩名分，都是二手的，洋溢着一种山寨的气息。嫁富二代，你依然会获得两个身份：富二代他元配，富一代他“元儿媳”。这俩，可都是响当当的，嫡嫡亲的，擦刮啦新的，而且上升空间极大：既可以升级为富三代他亲妈，更有望当上富四代他亲奶奶，在这条家族的“纵贯线”上，您的角色承上启下，那是相当的吃重，不是罗大佑，最起码也得是李宗盛。

当然，嫁富一代也能升级，但升级之后你会发现，刷机刷出来的那个系统里，到处都潜伏着令人不爽的 bug，搞不好还得越狱，还得翻墙，搞不好还得出墙。

名分还则罢了，关键是名分背后之伦理。中国人父，不管贫富，无不以儿子为重中之重，女儿为无法承受之轻。是故，若嫁其父，势必得罪其子，得罪了“重中之重”，就算您婚后能得一男半女，这辈子也甭指望能过一天的安生日子；若就“重”避轻而嫁其子，为父者多半会从家族大局处着眼，忍气吞声；若其父另娶后得一男半女，虽也会给您添堵，但毕竟您嫁的是他的长子，做的是他的长媳，生的是他的长孙，隔代亲，亲上加亲，有恃之，您多少也总有几分淫威吧。富一代虽是一家之主，话事权在握，但以家族谱系的动态性布局及其可持续发展性观之，富二代才是富一代的第一桶金，他自己，不过就是他自己的第一个桶。

说到底，中国男人还是爱子胜于爱妻的多，爱妻胜于爱人妻者鲜。什么“我爱老婆比较多，卢卡斯以后还会有很多弟弟妹妹，但是老婆只有她一个”——这种话，在狄波拉表示她信之前，您要坚信的，就只能是嫁给“卢卡斯”，谢绝“谢霆锋”。当然，如果选项是谢霆锋和谢贤，就自动选择前者。

嫁富二代还有一个好处，就是相对于富一代的勤俭持家，富二代通常会在勤奋败家的同时还勇于附庸风雅。写了《儒林外史》的清高的清朝小说家吴敬梓，一生最鄙视扬州盐商，唯一能玩到一起的盐商，就是“盐四代”程晋芳，没事就混在一起抚风弄月，吟诗作对，一直玩到程家破产为止。说这个虽然不太厚道，只是觉得风雅的生活也许更能附庸您的姿色和气质。

结论：嫁给富二代，孝敬富一代，生出富三代，抱上富四代。如此这般起承转合，您的婚姻，您的人生，大体上也算是功德圆满，善始善终，此皆因富不过三代。您就无需自寻烦恼了，不想让人家觉得您过于算计的话，就随手择一嫁了吧，毕竟只是二选一。虽然嫁给富二代好比持有了热门抢手的 iphone 6，嫁富一代拥有的只是 iphone 4，玩也能玩，功能也还够，就是不够炫，但无论如何，不管选择第几代，无论是让他做您老公还是做您公公，舍得一公总比前公尽弃划算得多。这件事的本质，也许正如苹果公司曾经在广告里深沉地告诫我们的那样：如果你没有 iphone，那么，你就真的没有 iphone。

越狱下。

蜜月不饶人

我的婚期定在今年“五一”，正好是我们认识满一年的纪念日，而我们也早就决定要旅行结婚的。本来，一切看上去都很美满，但是这一个月来，我们却因为旅行结婚的目的地而搞得很纠结。她说要去迪拜，可我一直想去西藏。我们为此争执到现在也没有达成共识。如果我不妥协，这很可能就意味着今年“五一”我就结不成婚了。结婚重要还是旅行重要？怎么办？快给我支个招吧！

这位准新郎，你们的问题，不是迪拜和西藏之争，而在于旅行结婚本身。我以为，你要旅行，就好生地去旅行，别扯上什么结婚；你要结婚，就专注地去结婚，别搭上么子旅行。无论是旅行兼结婚，还是结婚兼旅行，都是两头不到岸的傻人傻事，赶不上在“五一”成婚还是小事，弄不好，一辈子就这样耽误了。

所谓旅行结婚，看你怎么理解了，你可以理解为：一，以旅行的方式结婚；二，以结婚的方式旅行；三，以结婚为目的的旅行；四，以旅行为目的的结婚；五，一边旅行一边结婚；六，一边结婚一边旅行——无论怎么理解，我以为最终还是得按字面上的排列顺序，分出个先来后到，旅行结婚，即旅行在先，结婚在后。

有一部叫《围城》的小说，里头有一个熟男叫赵辛楣，他对另一个叫方鸿渐的半熟男说过这样的话："旅行，最试验得出一个人的品性。旅行是最劳顿，最麻烦，叫人本相毕现的时候。经过长期苦旅行而彼此不讨厌的人，才可以结交做朋友——结婚以后的蜜月旅行是次序颠倒的，应该先同旅行一个月，一个月舟车仆仆以后，双方还没有彼此看破，彼此厌恶，还没有吵嘴翻脸，还要维持原来的婚约，这种夫妇保证不会离婚。"

正所谓：历史，只有人名是真的；小说，只有人名是假的。在《围城》这部小说里，赵辛楣这个人名是假的，但他说的话却是千真万确，如假包换的。"在家千日好，出门半日难"，与宅在家里相比，出门旅行虽不至会遭受九九八十一难，却一定能八九不离十地让一个人身上所有的优点和缺点在旅途中被放大、被现形。也就是说，她的品，你的性，都会在这次仍然悬而未决的旅行结婚途中表现得淋漓尽致，无所遁形。旅途之上，你俩将一路忙着打怪降妖，而那些怪、那些妖，都是你们自带的，都是从你们自己的心里和身上生出来的。尤其是像你们这样认识才一年的，更容易原形毕露，又特别是在像迪拜这种败家之都，特别是在像西藏这种缺氧之城。

因此，对参与旅行结婚的当事双方来说，他们面临的都将是一场赌局，要么双赢——即旅途之中被放大的都是各自身上的优点或优点部分明显超过缺点，那么皆大欢喜，大可以于归途之上暗自庆幸自己一个月前手气太好，押对了宝；反之，被放大的若尽是缺点或缺点部分大大超过优点，那么暗自庆幸就可以改为追悔莫及——蜜月走，你也走。旅行结婚，可以是度蜜月，也可以是度小月；可能会欢乐得度月如日，也可能会悲摧得度日如月。总而言之，都是峥嵘蜜月。

蜜月不饶人啊！我实在搞不懂“旅行结婚”这个居心叵测的阴招、损招当初究竟是哪个王八蛋发明的。先结婚，再旅行，还有比这个更二、更不厚道、更歹毒、更蛮不讲理、更打死狗讲价的么？它好比，一包付了钱之后才能拆包装的方便面；它就像，一罐扫了条形码之后才能插入吸管的饮料——可那并不是逛一趟超市，也不是进一次便利店，那是你和她的婚姻，那是她和你的人生。输赢百分之五十对五十。在决定是去迪拜还是去西藏之前，你们首先要做的至为重要的决定是：真的赌一把么？

相比之下，最安全、最保险的旅行结婚方案，绝不是先结婚，后旅行——这等于先在中国电信申请开通了一门固话，出门时再把这门固话的号码转移到自己的手机上，实属多此一举；也不是只结婚，不旅行——这等于只有座机，没有手机，感觉有些老土；而是只旅行，不结婚——准确地说，是先去旅行，旅行结束之后，再根据对方在旅途中的种种表现来判断自己是不是马上要和 ta 结婚或者真的要结——一部在酷热、严寒、潮湿、干燥、缺氧、缺电、缺德、缺钱以及缺粮缺水缺信号缺心眼等等各种恶劣的自然和人文环境下经过试用的电话，正是值得你考虑要不要购买、是不是签约的电话。

婚前性行为，这个可以有；婚前“行”行为，这个必须有。对于婚姻来说，婚前的那一次“高高兴兴回家来”，可保婚后的无数个“平平安安出门去”。

一定要幸福哦。

拂衣下。

身体出轨和精神出轨二选一

昨晚和闺密聊起了一个问题，她老公对她一直很好，但她还是怀疑老公在外面有花头，但无证据，她也不想去查，因为她的理论是：身体出轨和精神出轨这两者，如果必须二选一的话，她宁愿接受前者，只要老公一直对她好。回家后，我失眠了。我是打算今年国庆节结婚的，要是我婚后也碰到这种事的话，真不知道应该接受哪一种才好了。你们说呢？

这位小浪催，五一刚过，你就遥想国庆；房尚待圆，你就剑指拆房，没饱暖你就思淫欲——你的未雨绸缪，你的超前思维，你的忧患意识，无不让老夫佩服得五体投地以及五脊六兽。你这个未婚女青年，连半截铁轨都还没铺好，就开始惦记着出轨之事，这事，赖宝同志说了：有轨才叫出轨，无轨那叫飘移。你飘移了，你走神了，你出鬼了，你见鬼了。

“身体出轨或精神出轨”这道选择题，就跟“老婆和老娘一道落水你先救谁”一样，是一个伪命题。伪就伪在它的不太可能。老婆和老娘一道落水的几率，比老婆和老娘一道在浴缸里戏水还低。你错就错在先行自说自话地做了一个绝望的假设，假设人夫尽出轨，区别无非精神还是肉体。虽然包括火车在内的一切轨道交通工具理论上都有出轨的可能，但实情却未必如此，否则，在我国铁路建设飞速发展的大好形势下（“十二五”规划的铁路建设规模要比“十一五”更大，在此期间，我国铁道建设新线投产总规模将达三万公里，全国铁路营运里程将达十二万公里左右），铁道部长还不得隔天就换上一个？

即便铁道部长和你都不介意，其中的所谓“精神出轨”，也是一个山寨的选项，因为它不好鉴定。你怎么搞检测？用什么侦查手段？你怎么就能断定他精神出轨了？他对你说了？那看他短信了？他开过发布会了？发表精神出轨微博了？单位年度体检测出这一项了？精神出轨又不是精神病，交给公安干警就能做出结论。如果你能证明“精神出轨”确实存在，首先就得肯定奥斯威辛也是有自由的。因为党卫军再凶残，也不能禁止犹太囚徒们在精神上狂操他们祖宗八代。

其实，如果两者一定要选一个的话，我还是觉得大多数男人的选择，即宁愿女方“精神出轨”来得比较聪明，比较狡诈，比较阿Q。因为出现在男女关系以及夫妻生活中的很多种状况，比如冷战、拌嘴、没话说，等等，都可以被视为“精神出轨”的现象。不幸的是，大多数已婚尤其是已婚有孩妇女之所以都做出了和你的闺密同样的选择，无非为了生活和后代的保障。而男人之所以会做出和女人截然相反的选择，亦无非是担心后代的正宗性。所幸，自吾国励行一胎化国策以来，对于大部分男人来说，只要确保第一胎为己出，接下来的非首发名单，就算出现了个把因女方肉体出轨而导致的“轨出”，通常也都会被自动扼杀于萌芽状态了。

所以说，“身体出轨或精神出轨你选哪一个”，端视你的重视程度而论。比如，骗国企和骗私企，都是行骗，但结果会很不一样。国企比较像城里女人，在意的是感情；私企比较像乡下姑娘，计较的是肉体。

更加坑爹的是，这个假设还具有极大的欺骗性，它会让你觉得精神和肉体这俩，每次都只会有一个出轨，一个留守。只要有一个到外面耍流氓，另一个就必定乖乖地待在家里当雷锋——我呸！你以为精神和肉体是可以像瘦肉和瘦肉精那样分得这么清楚的么？肉体承载着精神，就像车厢盛载着乘客。当车厢都特么不在轨道上了，你能想象乘客们一个个还能跟没事儿人似的安坐如仪，斗地主的斗地主，玩手机的玩手机，该喝水的喝水，该撒尿的撒尿么？

有没有保证精神和肉体都不出轨的办法呢？有的。第一，没事别入轨，把有轨电车都改装成无轨电车；第二，没事别假设。只要你别把自个儿弄得跟铁道游击队似的，扒火车那个搞机枪，让机枪好好地留在火车上，让火车乖乖地跑在轨道上，那么，我觉得婚姻、老公什么的，就和高铁、动车组什么的也差不太多，皆不失为一种安全便捷的人生出行工具。

弹土琵琶下。

子不叫，谁之过？

不好意思，事发几个月前，有一次，和女朋友事后“复盘”时，我夸她刚才叫得有激情，不料反遭她的质问，说男人为什么不叫床？男人凭什么不叫床？还说这世界真不公平。事实上，我当时叫没叫，也不很记得了。反正从那次以后，她的这个质问都会把我搞得每到那个节骨眼上就紧张，注意力全都集中在自己到底叫没叫上面。很不爽。我该怎么跟她解释呢？

这位“被叫床”哥，读罢你的来信，老夫闭上眼一番绮想，试着想叫两声给自己听听，但几经努力之后还是以失败告终，只是憋出了两声咳嗽，还是干的。

子不叫，谁之过？咳咳……帮你找找借口吧。男人为什么不叫？或者，男人凭什么不像女人那样叫？这个我也不知道。不过女人之所以会叫，据医生讲，那是性高潮到来时女性特有的一种“声带肌肉的痉挛表现”，因此女人会叫很正常，和火车到站同理。然而，声带肌肉男人也长了，世上有女高音和男高音，可世上向来只有花腔女高音，木有花腔男高音。爽也不吭声，这是生理构造迥异，还是人生态度不同？是因为哥神经大条，还是由于爷为人一向低调？这个真不好说，通常的情况，大抵不外是“两岸猿声啼不住，轻舟已过万重山”。

因此，男人在“那个节骨眼上”聚精会神之际，不论真叫还是假叫，都挺为难的。除非你能修炼到道家“保精不射”的境界，即有快感而不射精，像中国足球队那样，在这种“不泄”的努力之下，假叫两声倒也好办了。别说叫两声，就是腾出手来鼓鼓掌，握成双拳捶捶胸，甚至直接用说的，像周立波那样即兴说上一段海派清口，也可以像埃米纳姆那样连说带唱的，甚至请女方现场点歌，也一概不在话下。你们也别事后“复盘”了，就像韩乔生老师那样做现场实况评述，又有什么大不了的？！

还有一个机会，那就是等你练成纳达尔或费德勒那样的力量和爆发力，“底线”发力时，自有另一番销魂蚀骨。

老实说，事情搞成这样，都怪你多嘴。自己爽了就好了，何必如此高调地通知对方呢？坏事的，就是你的“当床”表扬。既然你对她被你单方面视为对你之肯定的叫声也表示肯定，那么公平起见，你不叫，自然就被视为对她的否定了。凭什么把女生当成主叫方，男人就自动地以被叫方自居？你是办理了接听免费的套餐还是怎么着？凭什么让人家当活雷锋，自己享受活春宫？刘三姐唱山歌，还讲究个你来我往，最后还要以“男女合唱”来同时达到高潮不是？大狗叫，也让小狗叫；女人叫，男人也要叫。你女朋友的质疑，再公平不过了——且慢！既然她要的是公平，那么，何不将错就错，即先主动向她承认错误，态度要诚恳，说你错了，肠子都悔青了，以后决定再也不要她叫了。要叫，大家一起叫；要不叫，大家打死都不叫——看她怎么说。谁怕谁？

子不教，父之过；子不叫，谁的错？真是天晓得。我看你还是算了，这事，忍一忍就过了，我看她无非就是拌个嘴，娇个嗔，你也别太往心里去。要知道，女人虽是听觉动物，不过在那个节骨眼上，伊的刚性需求，绝不是你身上任何一处能够发出声音的器官。

咳嗽下。

皮包公司还是包皮公司？

最近公司好像要进行裁员，有两位总裁分别找我谈话，年纪比较老的那个说“如果你拒绝我，你就会被裁掉”，年纪轻的那个暗示我“只要你答应我，我就不会裁掉你”。总之现在就是这么个情况：如果我想保住工作，总得跟其中一位“潜规则”。我也已经做好了被“潜”的准备。求教一下，如何变被动为主动？我可不想被“潜”了之后还是被裁掉。你们二位觉得我还有机会更进一步吗？

这位“潜海姑娘”，所谓“变被动为主动，不想被‘潜’了之后还是被裁掉”，照我的理解，你的意思是不是说，在欣然接受“潜规则”之前，能不能预先买好一份确保“在被潜之后能获得合理回报”的保险？为此，我分别致电国内和国际各大保险公司，答复都是目前尚未开通这一险种。在它们热切地向我推荐各种失业保险或流产保险之前，我果断地把电话挂上了。

考虑到我国全社会的信誉水准，尤其是我国成年男性公民的信用等级，你的忧虑，我的理解。你所谓“变被动为主动”的办法呢，也不是没有——我估计你一定也想到若干种了吧。比如音频、视频什么的，又如艳照这些个。届时，万一你的诉求得不到兑现，就可以动用这些肉一般的证据来要挟对方，强制执行。

然而，一切为“潜规则”而制定的“前规则”，都是馊主意，因为你要进行的那是一场没有绝对胜算的赌博，更谈不上什么主动，后发制人而已。事情一旦发展到那步田地，结果只有两种：一，他们怕了，你赢了，于是乖乖地为你保留职位。若你抛出的证据足够劲爆，足够有说服力，非但不会被裁，反而还能得到晋升，得到加薪，还可以迟到早退，办公室里你看得上眼的男同事，任你有恃无恐随便“潜”；二，两位总裁都表现淡定，贵公司大中华区乃至亚太区的各位总裁亦均表示情绪稳定，傻眼的就只能是你了。莱温斯基小姐把她的那条Gap蓝裙子珍藏了那么久都舍不得洗，结果又能怎样？克林顿还不是圆满做了第42任美国总统的两届任期？Gap还不是成功地在淮海路开出了它在中国的第一家旗舰店？

很显然，就算你主动取证，胜算也只是五五波。更为错综复杂的是，你的对手并不是一个人，你要进行的肉搏，也不是广东人讲的“只抽”，而是以一敌二，虽不是同时进行，但总体上也具备3P的意思了。“如果我想保住工作，总得跟其中一位‘潜规则’”——你确定？如果这两位都有权决定你的饭碗，而你只是择一而受“潜”的话，必定会开罪另一位，恼羞成怒之下，难免会从中作梗；因此，如果你真的“已经做好了被‘潜’的准备”，局面就一定是“双潜”，你的胜算也应声从五五波陡降至三七波了。如果你蠢到把这种高风险的行为视为“变被动为主动”，那就是割了鸡巴敬神，自己疼死了，神也得罪了。

风险和美国长期国债一样低的“变被动为主动”，我以为就是在公司炒你鱿鱼之前，主动炒公司的鱿鱼——这是一家前景多么暗淡的公司啊！这绝不是因为裁员。有两个上司同时都想搞你，这个不奇怪；这两个上司都是男的并且有老有嫩，这个也不奇怪；奇怪的是，同一家公司怎么会同时有两个总裁？这两个总裁怎么还会分别拥有同等的裁人权力？还有权就裁员之事分别找你谈话？这特么都什么乱七八糟的组织架构啊？这种公司，别说裁员，清盘倒闭那也是迟早的事，趁早另谋高就吧你。回首我本人二十年来职场浮沉，尽管历任上司都没有过（或没有明显流露过）要潜规则鄙人之意图，但每一次被裁，都是由一个总裁做出的果断而英明的决定，而后来的事实也充分证明了这些公司都是前途大好的企业（各种所有制）。虽然我不知道贵公司的主营业务及业务状况，不过，一家公司是不是有裁员的必要，主要是由内部统计数据和外部竞争环境所决定的，一般并不会参考到两名男性高管各自生殖器官的感受，否则，它不是一家皮包公司就是一家包皮公司。

憋气下。

P.S. 换一口气又上来了！刚想到可能会有一种万无一失的例外，那就是，你的活儿出乎意外的棒，“潜”上一次，终生难忘，会上瘾，潜了一次就忍不住地还想再潜第二次、第三次……这样，你就能确保一直留在这家公司并且一直被“潜”到公司倒闭或者他们退休。情况果真如此，以上算我白说。顺便求个 QQ 号。

珍惜眼前人

我有个女朋友就是你们常说的“死文艺女青年”。两个人好了也有两三年，说实话，累死我了！一想到后半生要跟她在一起就觉得真不想醒过来。但我真的很爱她。外表非常重要，我就喜欢她的样子。其实她内心也比较单纯感性，绝对是好人，就是性格太跌宕，情绪不稳定，爱冲动，爱暴怒，爱哭，总有办法把我搞得半死。你们说，我们真结婚的话，等待我的是悲剧吗？

这位大侠，天下好汉被女文青逼成男文青的有之，被女文青逼成愤青的亦有之，似你这般，竟然被逼掉半条命的，实属百年一遇。好吧，你且把被逼剩下的那半条命再吊一会儿，喘喘气，让我和你好好谈谈。

既然你承认“真的很爱她”，而且“就喜欢她的样子”，我就尽量别给你们往散里说吧，毕竟，这年头“真的很爱”很可贵，更何况，你“真的很爱”的是一枚“真的文艺女青年”——不过问题也正出在“文艺女青年”这个专有名词之上。

性格太跌宕，情绪不稳定，爱冲动，爱暴怒，爱哭——不错，这正是大部分女文青的共性，但这也并不妨碍你这样去想：和大部分男人相比，这不也正是大部分女人的共性么？女文青只是表现得更猛烈一些罢了，你就只当她是来了大姨妈的“非女文青”不行么？无非是她姨妈前来串门并且留宿的频率和时间略为有点密有点长，而已。

你又不妨扪心再自问，若你爱的那个女人，她性格不太跌宕，情绪相当稳定，不爱冲动，很少暴怒更从来不哭，那样好玩儿么？有意思么？基本还是人么？还不如上网订个充气娃娃算了。

也正是因了这个共性，你们还有救。打个比方，你不妨把你的文青女友当成是一部电影，而性格太跌宕，情绪不稳定，爱冲动，爱暴怒，爱哭——不错，这不仅是大部分女文青共同的性格，同时也是她们共同热爱的那一路小众电影的基本特征。但是，你难道就可以因此而断言，说国产（含港产，下同）大众电影、大众电视剧，就情绪一概稳定，完全不爱冲动，大致不爱暴怒以及基本不爱哭了么？从革命样板戏到《建党大业》，从《渴望》到《亮剑》，从刘晓庆到马景涛，论跌宕、论冲动、论暴怒，我实在不敢说哪一部就一定输给德国表现主义和法国超现实主义。

我并不是故意将不同的电影类型混为一谈，只是试图给你一种启发，即事物的真相，事物的共性，某种程度上取决于你观察的角度和心态。怀着一颗淡定的、有爱的平常心，擦亮并瞪圆你那双纪昌学箭的箭眼，我就不信你就不能把法国新浪潮看成中国新浪网，把王家卫看成王晶，把刘别谦看成刘谦，把挪威的森林看成重庆的森林，把岩井俊二看成横路敬二，把伍迪·艾伦看成武藤兰，把徐静蕾看成徐锦江，把《广岛之恋》看成《山楂树之恋》，把《千与千寻》看成《千王之王》，把《我的邻居山田君》看成《我的团长我的团》，再接再厉，接着把《我的团长我的团》一口气看成《3D肉蒲团》——最后，相信你一定也能把“死文艺女青年”看成“活文艺女青年”，再把该“活文艺女青年”看成一个普通的正常“女青年”。

只要你能坚定不移地按照上述思路去看她、去欣赏她，你俩一定能修成正果。再说，你们的感情基础也打得比较扎实，正如你说的，“外表非常重要，我就喜欢她的样子”，要知道，女文青的“外表”一旦达到了某一档次，她的身份和标签就可以出离“女文青”，完成“农转非”了。

至于结婚给你带来的结局，不要怀疑，它会一如你所预言的那样，等待着你的，必然是百分百的悲剧，只不过这悲剧并不会以你想象的方式上演。女文青一旦人妇人母了，大多都会自动转型为家庭主妇，孩子他妈，婆婆叨逼里的儿媳妇，邻家小正太梦中的师奶。穿衣风格，也将从苏珊·桑塔格转向苏珊大妈加条纹格；其人生的成色和质地，也会从棉麻变成混纺再加百分之五的莱卡，同时，在厨房里一次又一次、越来越熟手地把豆瓣煮成豆瓣酱……珍惜眼前人吧朋友，毕竟，你爱的不就是她现在这副神经兮兮的样子么？

折袖搭肩下。

再也不相信爱情了？

最近微博上不是流行一句话么——我再也不相信爱情了！我刚开始也跟着人家开玩笑转发什么的，但看来看去，凡是那些秀过恩爱的明星都分手了，有的还要互相发声明，把最后的脸面都撕破。是不是说凡是高调地表达过幸福的婚姻一定有隐情？也别光说明星了，就我身边的朋友和同事，最近离婚的也不少，看得我这个大龄单身女青年也暗自嘀咕，何必非要急着结婚啊，谁知道什么时候就离婚呢！你说，是不是真不相信爱情才能过得不错？

这位“陈单青”（陈年，单身，女青年），因为别人相信奸情，你就不相信爱情了；因为别人离婚，你就不结婚了——你还能再找一个比这更烂的理由么？按你的逻辑，那人家明星高调结婚的时候，你又干嘛去了？你不还是照样剩着，下班后独自倒在沙发里，一边流眼泪，一边单人十指紧扣地观看男女明星在电视娱乐新闻里大秀他们的双人十指紧扣么？

别人的离婚，是人家自己的事；你结不结婚，是你自己的事，八竿子能打得着么？有结婚，就会有离婚，这很不幸，也很正常。所有正常的事情，都先天性地自带了某种不幸的底色。是人都难逃一死，你就不活了？你就不做人了？你就不关心锋菲恋及其后续八卦新闻了？听蝲蝲蛄叫还不种粮食了？吃到肚子里都会变成屎拉出来你就不吃粮食了？

我也玩微博，我也和你一样读到最近微博上流行的那句话“我再也不相信爱情了！”，不过，和你不同的是，我还手贱地逐条翻看了这些微博的评论，比如这条：“别管凌潇肃和姚晨怎么样，别管刘烨和谢娜怎么样，别管王菲和李亚鹏怎么样！！只要你妈和你爸在一起，你姥姥和你姥爷在一起，你爷爷和你奶奶在一起，你姑姑和你姑父在一起，你大姨夫和你大姨妈在一起，你舅和你舅妈在一起，你叔和你婶在一起，你他妈就得相信爱情！！”

至于“是不是真不相信爱情才能过得不错”，爱情不是信则有不信则无的东西，不在于信或不信，而在于有或木有。爱情一旦有了，就像你肚子里一旦“有了”一样，不管你信或不信。结婚不一定幸福，单身未必不幸。有爱的未必结婚，婚了的未必有爱。傻逼常有傻福，剩女的人生也不是全无胜算。幸不幸，福不福，不全然和婚姻有关，得看先天的命和后天的造化。但无论如何，就可参考度而言，婚姻双方的八字应该都比明星的八卦来得可信。

通常、大体、一般，有爱的婚姻要比无爱的婚姻过得好；但也正因如此，婚姻中更有爱以及更信爱的一方，会因对婚姻的期待值较高而更容易获得较低的回报，因此，好像、大抵、貌似，婚姻能不能幸福，还是取决于男女双方对爱情的期望值能否始终保持在一个相对稳定的平衡状态，即你有一张热脸，他有一个热屁股；或他有一张冷屁股，你也有一个冷脸。这样就消停了。但无论如何，你若真的着急想要知道“什么时候离婚”以及“是不是真不相信爱情才能过得不错”，你就得先结婚。我相信，把自己嫁出去，有助于解救你在心智上的干枯、分叉、毛糙、喑哑、脆弱这五大受损。

如果你确实习惯了以电影明星的婚姻状况来决定自己的婚否，我建议，与其参照谢霆锋和张柏芝这种大电影明星的婚姻，不如相信叶玉卿、徐锦江这种小电影明星的爱情。论家庭和睦、论天伦之乐，后者的说服力通常都比大电影明星更能让你“相信爱情”。虽然幸与不幸，也都是“据报道”。

十指紧扣下。

P.S.“我再也不相信爱情了！”这只是一种修辞，用来表示事态的严重程度，和我小学语文课上的常见造句“我们贫下中农肺都气炸了！”是一个意思。它表示的是：某种事态很严重，严重到连爱情这么重要的事都可以不被相信了。事实上，微博上也只是用它来玩造句游戏而已。这意味着，只要能搭上前言，后语里的“爱情”一词，就可以被任意调换。比如，“连谢霆锋和张柏芝都离婚了，我再也不相信陈冠希了！”或者，“连周立波和关栋天都翻脸了，我再也不相信友情了！”又或者，“连宋祖德都造谣说卢卡斯是谢贤的儿子，我再也不相信奸情了！”又比如，“连杨振宁和翁帆都结婚了，我再也不相信‘我再也不相信爱情了’了！”再比如，“连杨振宁都让翁帆怀孕了，我再也不相信科学了！”

你看，效果是不是都差不多呢？可好玩儿了，你也赶快来试试吧！

他不肯戴套，就让他戴帽

我的男朋友，交往五年了，双方家长都认为我们该结婚了。但是我很犹豫，却又不好跟别人解释，因为这事实在难以启齿：五年来，做爱的时候他总是拒绝使用避孕套（避孕的事，总是让我自己去搞定）。他说，他绝不会和橡胶做爱，宁可放弃做爱，也绝对不戴套。偶尔用一次（比如我忘了带药那天），就像让他去死一样。前年，我已经因此而人工流产过一次了。别的男人都像他这样吗？他到底是什么心理？这个可以成为我不嫁给他的理由么？

这位女苦主，避孕套又不是小红花或大钻戒，戴上，当然不如不戴来得爽。道理？这也太简单了吧，没必要上升到什么心理层面。各种爽与不爽，都是直接的、物理的、生理的，非要往心理上扯，大概就只存在于涉嫌强奸了初中英语老师周琴的贵州毕节国土资源管理所所长王忠贵和为他开脱的乡派出所教导员钟显聪的心里了——“戴避孕套不算强奸”，这应该算是很强大很活跃的心理活动了吧。

虽然你未必能切身地体会到他戴了套之后的感受，但“隔靴搔痒”这个成语总不会没听过吧？虽然古人的靴子你没穿过，但你的鞋柜里面，也总会有一两双UGG的吧？这种感受上的差异的确存在，但也不至于会敏感到他所声称的那种程度。而“隔靴搔痒”也只是一个抽象的比喻，具体的生活实务上，戴套做爱，大约也就相当于“隔着丝袜搔痒”罢了。同样道理，裸睡和穿着睡衣睡觉，肉体感觉虽略有差异，但这种差异，充其量也只是像睡觉时有没有“穿香奈儿五号”那样细微。穿与不穿，都能睡着，也都能醒来，更不至于夸张到要以放弃做爱为代价。换了是我，一旦性急起来，别说什么避孕套，就算是一副拳击手套，哼哼那也是照戴不误。

别的男人？男人大概自古以来就都是这样的吧。至少，陈可辛导演在电影《武侠》里就是这样演给我们的。汤唯认真地洗着一副鱼鳔（不是用来炖汤，而是准备用来做避孕套的），甄子丹不屑地对她说：“别费劲了，你也知道我不喜欢鱼腥味。”很显然，“不喜欢鱼腥味”和“不喜欢和橡胶做爱”，使用的乃是同一套理由。“不喜欢鱼腥味”是托辞（其实他可以使用的托辞还有很多，比如“鱼鳔可能洗不干净，万一残存有若干鱼卵，到时候说不定你就会生出几条怪鱼来”），真正不喜欢的，仍旧是“隔靴搔痒”。甄子丹有多么厌恶“鱼腥味”，你的男人就有多么抗拒那层橡胶。我相信，他宁愿和一个从头到脚通体皆由大堆硅胶制成的充气娃娃去做一场轰轰烈烈的爱，也不愿意让那一小层薄如蝉翼的乳胶来强加于他。彼时彼刻，存在于这些“忌套如仇，视戴如死”的男人胸中的唯一信条，无非就是“隔靴搔痒赞何益，鞭辟入里骂亦精”。

古人是否比今人更好色并急色？不好说，但古人肯定要比今人洒脱而不吝。回到《武侠》：当甄子丹对汤唯的鱼鳔说了NO之后，汤唯忧心忡忡地表示：“那……要是再有了孩子怎么办？”

但见那好汉甄子丹，完全不假思索地接下话来：“那就生下来呗，顶多就是日子再紧点。”听听，这是多么的掷地有声，多么的纯爷们儿！多么的“光脚的不怕穿鞋的”！看看人家，想想自己！你男人在抗拒戴套时，当你表示“意外怀孕怎么办”时，他说得出这种话来么？

你要让他知道，做爱这件事，不能单纯地以男性单方面的一个“爽”字而论。这不是他一个人在独立地打飞机，也不是他只派出了自己身体上的一个局部在参与做爱，这是一件全身心的事，是个力气活，更是脑力劳动。是多媒体的，互动的，爽不爽，必须以参与双方的共同感受作为评价标准。这不是一场只得一个主裁的足球比赛，此乃一场跳水比赛……

不过说老实话，上述这种浅显的道理，我很怀疑他是不是听得明白。这样的男人，其实不嫁也罢。理由，不妨摊开来说，没什么好害羞的。非要结婚，也行，但婚前宜约法三章：留头不留发，留发不留头；婚后恶习不改，你就红杏出墙。他若不肯戴套，你就让他戴帽。另外，如果贵州的王所长能以“戴避孕套不算强奸”而成功脱罪，你也可以这样警告他：看到了么？戴避孕套就不算强奸，坚持戴套，今后最起码可以避免成为“婚内强奸”的被告人。

行脱帽礼下。

抓大放小

该怎么说呢？太尴尬了！太悲催了！太愤怒了！交往了半年的那个肌肉男，高大威猛（大约一米八）man得不得了，还是一个健身教练。每次见他，我的心都狂跳不止。上周末，终于约到他一起去千岛湖玩，临上床，才惊骇地发现他长一个可怜的、可笑的、微小的像小朋友一样的小JJ。据我目测，长度嘛，最多也就一支笔。当时我就震惊了！当天晚上,也就看看电视玩玩微博混过去了。现在的问题是，我该怎么办？离开他，有些舍不得；接受他，更无法说服自己。如果离开他，是该实言相告，还是另找借口？

这位悲催女，你的悲催，并非来自绝对的“小”，而是因为相对的“大”——准确地说，来自“一支笔”的局部和“一杆枪”之整体这两者间强烈的视觉对比和巨大的心理落差。如果他不是如此的高大威猛，而是像郭敬明那般娇小玲珑，职业也不是什么健身教练，而是一个马术或围棋教练，你们的那个千岛湖之夜，也许就不至于一夜无话，说不定还会难忘今宵。

如果你年尚青涩，阅男人无多，我就再打个低幼一些的比方罢：男人见得少，JJ 见得更少，山和水，总见过若干吧？但一样都叫做“山”的，杭州西湖里的孤山，海拔 38 米，虽然是西湖最矬的山，但因西湖自身也只得 4.37 平方公里大，所以矬得就不分外扎眼，甚至还矬出了几分“秀丽”的意思，更能以“山”的名义勉强混过去。但若将这堆土方移至 573 平方公里大的千岛湖畔，我相信任何人都会像你一样“当时就震惊了”。那一番湖光山色，能不让人“目渺渺兮愁予”乎？

正所谓“有无相生，难易相成，长短相较，高下相倾”——以上是老子曰的，以下是老子说的：说了相对的，再说绝对的——究竟多大才算足够的大，多小才是非常的小？我帮你百度了下子，确有中国男性在两种不同状态下的两组平均数据可供参考。可惜的是，你的目测结果并非具体数字而只是“一支笔”（毛笔？铅笔？原子笔？蜡笔？钢笔？电笔？录音笔？手机屏触摸笔？），更未注明是处在何种状态之下（状态不同，一支小楷可以变身为一管提斗，还是硬毫的），所以我无法帮你做出确切的判断。至于“正常”与否，医学上貌似并没有数据规定，和血压、胆固醇甚至身高等等不太一样。而身高和 JJ 长度的正常比例，更查不到任何数据，说到底，这也只能被视为一个视觉上舒不舒服以及和不和谐的问题——这么跟你说吧，若视其全身为一杆枪，以最常见的 AK–47 为例，则他的 JJ 在视觉上的“正常”比例，应该是此枪的后握把（GRIP），而不是它的弹夹或者扳机。

“表里不一”这种事，通常不是被视为一个道德缺陷，就是被当做一种美学问题，以上两大范畴之外的任何一种表里不一（例如烹饪上的“外焦里嫩”），都享有免受谴责和鄙视之权利。如果你真的不舍，还想和他交往下去，可以针对这个问题尝试做一些技术处瑕——绝对没有把我邮箱里每天都会收到的大批 penis enlarge 的垃圾邮件统统转发给你的意思，那玩意儿，只有“今宵苦短”，绝无“来日方长”。我的建议是逆向思维，比方说，“高大威猛”这四个字里，“高大”是不能动的，姚明不可能改成郭敬明，但“威猛”却是一个变量；“高大”是客观感受，“威猛”则更倾向于主观。你不妨动动脑筋，在发型、衣着、举止、谈吐等各方面，尽量让他别再那么 man 那么强，尽量搞得弱一些、文雅一些，最终达到表里如一，让你白天看着顺心，夜里用着如意——说到“如意”，据你所言，那个千岛湖之夜是被你“混过去的”。是否可以理解为：你在网上买了双鞋，快递都送到你家门口了，你也拆了包装了，但你只是看了一眼就认为它小了，碰也没碰，更没有试穿，就直接把送快递的关在门外了？就算你的目测能力再强大，那毕竟不是一双鞋子，适用的地方也不是你的脚，好歹你也试上一试，届时再决定收货或退货不迟。短小可以精干，深度决定高度；大有大的难处，长痛不如短痛。毕竟，JJ 是供你们亵玩的、派用场的，并不是用来观赏的。

至于分手理由，我意，以不说破为宜（八字相冲属相不合星座互掐等等烂借口皆可），一旦传将出去，以后受害的还是你：“抓大放小”的威名在外，将不太会有男人敢与你亲近了，因为自己的“尊具”究竟是长是短以及算大算小，并不是每个成年男子的胸中都有十足的把握。

挥毫下。

软饭硬吃

我的女朋友是医生，是我患肾病住院的时候认识的。我们已经好了快三年了，准备今年国庆结婚。不过从爱上她的那一天起，我心里就一直有个疑惑：我，虽然有稳定工作，固定收入，但只是一个普通的公务员，长相也一般（朋友们都嘲笑我，说我长得就像一个普通的公务员）;她，大医院的医生，不但长得酷似范冰冰，收入更是比我高出不知道多少。我们婚房的房贷，虽然说好了婚后每月一人一半，但首期都是她出的钱。现在面临结婚，我的疑惑也一天胜似一天，请问:我，算是人家说的那种吃软饭的男人吗?求解。

这位大佬，你想得也太多了以及太深了吧！软饭，哼哼你以为是那么容易就吃得上的么？它是你想象的那么好吃的么？

我吃的盐，不一定比你吃的饭多；可是我吃的饭，想必每一粒都比你吃过的硬。所以，你到底算不算吃软饭的，这个先不忙答，只是想与你谈谈我个人对于吃软饭的看法。话说这软饭，我也巨想吃，惜乎一直未能如愿，倒是把牙床给等软了。虽然未曾亲口吃过，但只因始终怀着一颗热切的想吃软饭之心，多年来，不断观察，不断学习，读闲书，看杂戏，倒也积累下若干心得体会，本以为终成屠龙之术，未曾想，到了还能为你做一回赛昆仑，也算是学以致用了——且听俺细细道来。

人欲吃软饭者，身子骨必须绝对过硬。多硬？夹生饭、砖头什么的就不去说它了，最起码，要比铁还硬，比钢还强。人是铁的时候，饭就是钢；人一旦变成钢了，饭才会足够的软。至于尊体之软硬程度，只能靠你自动自觉，自检自查，并请充分考虑到来信中提及因“肾病住院”之病史。

身子骨过硬之外，吃软饭的另一本钱，乃是小脸蛋够白。你自称“长得就像一个普通的公务员”，这让我很迷惑。你的意思，是不是说自己长得就像铁道部发言人那样的？尽管我本人绝不歧视公务员，但如果你和你朋友的意思其实就是长得“平庸”或长得“和谐”的话，那么，端着个铁饭碗，这辈子还是别指望能吃上一碗软饭了。你信不信？反正我信了。

无论如何，请你回忆一下古今中外的那些软饭小王子，比如我国的董永叔叔，人家那软饭吃得，仙女级的！天上不仅掉馅饼，那馅饼，还是软的。凭什么？你且上土豆或酷六找找黄梅大戏《天仙配》的视频慢慢捉摸吧。董永虽貌似忠厚，长得确有几分貌似今天的公务员，但人家，却是何等的高大魁梧，何等的孔武有力，唱念做打，无一不能，无一不精！

当然，您本人的尊容究竟如何，这个还倒罢了，反正见仁见智，但你夸她“长得酷似范冰冰”，这就又犯了大忌了。据我所知，除了虚构故事中的女主角允许长成天仙那样儿的之外，在绝大多数非虚构版的软饭故事中，女主角都必须长得酷似武则天，至少，也得是神似达芬奇女老板那款的。否则，这碗软饭那是万万吃不成的。再说了，你一标准公务员长相男和一酷似范爷的女人混在一起，在不明真相的群众看来，还真搞不清究竟是谁在吃谁的软饭呢。

还有，还有《卖油郎独占花魁》。你再看，人家一个临安城里的头牌名妓，生生地自带三千资金下嫁一卖油的小伙计，还帮助他创业。凭什么？丫是打酱油的，又不是中石油的。凭什么？凭的就是真情！即便在北宋，真情也是真本事；即便在南宋，耐力也是体力活。凭什么？凭的就是耐力！这些，你有么？人家辛辛苦苦攒了十两碎银子才逛了趟妓院，你呢？尽管和对方交往时的体位同样也都是卧床，却只不过是生了场病住了趟医院罢了。

若上述指标都不够硬，这辈子你就只能吃硬饭了，至少，像猪油八宝糯米饭那么软糯的软饭，留到下辈子再说吧。又鉴于她挣得的确比你多，因此，你今后所吃的硬饭也不至于太硬，大体上，也就西班牙海鲜饭或意大利 risotto 那个程度吧。

如果你确认她愿意嫁给你的真正目的并不是为了在你身上继续她的医学研究，从病房移至卧室，从病床转战到婚床，写完她一直没完成的那篇学术论文以便在评到高级职称之后再一脚把你给踹开，那就放心结你的婚吧，该干嘛干嘛吧。装修婚房啊，筹备喜酒啊，有得你忙的了，哪那么多空闲胡思乱想呢？男欢女爱，婚姻嫁娶，无非有钱出钱，有力出力。若是执迷不悟，硬要跻身于吃软饭特种精英突击小分队，那可就是软饭硬吃了哈。

喷饭下。

不就是异地恋么？你俩还是异性恋呢！

我感情上出现了些问题，很迷茫，请您指点一下。我和女友异地恋快五年了。我在东莞，她在香港。我是长子，从小教育以孝为先，当过两年兵。而她，单亲家庭长大，和长辈缺乏沟通，做事独立，且自主。在她看来，两个人相处是俩人的事，不用顾及其他人（家人）感受。因为对待家人的态度不一，我们因这问题经常吵架。我是个性急的人，而她做事很被动。所以每次吵都是我去哄她。久而久之大家都习惯了。我和她同龄，快奔三了。上礼拜带她回家吃饭，事前问她是否愿意，她说没问题，饭桌上她一言不发，问她为什么她没回应。一直冷战了一礼拜。我觉得我们性格不合，年纪都大了，不想耽误她。我该和她分吗？

这位长子哥，先不急着去研判你俩是不是应该分手，我更想知道的是：你在东莞，她在香港，你二人，当初究竟是怎么混到一起的？她的单亲家长在东莞开厂？你那两年是在驻港部队服役？咱们部队上的纪律，是可以和当地的良家妇女谈恋爱的么？

当然，如果你俩换个性别，在东莞的是女的，在香港的是男的，那么，我也许就不会有这多此一举的疑问了。

你二人，异地恋，地理之异，异不过一个香港、一个东莞，无非个把小时车程，要说远，远得过从北京的东城到北京的西城么？远得过从北京工体的南门到北京工体的北门么？远得过从上海的虹桥机场到上海的浦东机场以及从首都机场 1 号航站楼到首都机场 3 号航站楼么？至于文化背景和成长环境之异，那可大了去了，你看《三打白骨精》，她看《3D 肉蒲团》；她可以玩微博，你不能上推特；你只能看土豆，她可以玩 YouTube……这么说吧，一个只能使用百度的人，和一个既能用谷歌也能用百度的人，他们的人生观和价值观以及他们对异性以及对待家人的态度的看法，能特么基本保持一致么？

文化背景大不同，成长环境大不同……然而，再怎么不同，我还是认为，在婚姻恋爱一事上，既然有爱，最好就不要一味沉迷于玩“找不同”，要玩，就尽量去玩“连连看”。家庭出身和文化背景，都不宜成为分手的充足理由。反过来想，若男女双方家庭背景一致，成长环境一致，连性格也保持一致，那就只能搞乱伦了，还得是双胞胎之间的。照你的逻辑，单亲家庭长大的孩子，就只能嫁给另一单亲家庭的孩子；身为家中的长子，就只能非另一家的长女不娶了？

至于“性格不合”，拜托，那只是在刚性分手时常用的一种旨在让双方都能下台阶的约定俗成的软性遁词和托词，世上既找不到两片完全相同的叶子，遑论两个性格完全相同的人？（这里仅指正常人，傻逼在性格上则倾向于一致，同而不和）即便地球上果真有这样的一双璧人儿，即便碰巧还是一男一女，这俩，就是用上八辈子工夫，也不太可能找到对方。别说自己和他人了，就连我和我自己，都常常因性格不合而生气呢。若把“性格不合”这四个字拆开来讲，变成“性不合”或“格不合”，倒还有几分可信。再说了，那天底下的人，究竟有多少是可以称得上“有性格”的？还奢谈什么“合”与“不合”。

我不知道她为什么如此不待见你的家人，在饭桌上假装一下都不会，如果你确定这不是因为你家的晚饭做得实在难以下咽的话，那么，此港女看起来的确是好不晓事。但是，相比于你的终身大事，这也只能被视为枝节了。你们的事，其实更多地取决于今后的打算，比如婚后究竟定居何处。不管是你南下还是她北上，只要不在东莞，只要不和你家人同住或者不经常在一个饭桌上吃饭，我觉得基本上就可以忽略不计。

在答疑之前，之所以会有“你们当初究竟是怎么混到一起的”之问，确实不太礼貌，但我的意思，还是希望你们能够惜缘，绝没有“始乱终弃”的意思。你们俩，“始”是“始”得有些可疑，但远不及乱；“终”也未必一定能得善终，却同样也远远未到言弃的地步。当然，你们之间可能还存在别的什么问题，或者你没说，或者她没说，或者你二人都未留意也没察觉，但无论如何，都尽量别让“性格不合”成为一个沉闷的老套的理由。不就是异地恋么？别忘了，你俩还是异性恋呢！不就是文化背景和成长环境大不同么？想想内地和香港，从 1842 年开始就在截然不同的文化背景之下各过各的，但是这并不妨碍双方在一百五十五年之后以“中华人民共和国”和“中华人民共和国香港特别行政区”之名分做了一处，举案齐眉，相敬如宾。看看人家！你们这对交往还不到五年的莞男港女，动不动就提什么文化差异，这又是何苦来的呢？

翻墙下。

上着国企的班，操着国务院的心

大学毕业后，我就直接进了一家著名的大型国企，一转眼竟然也快十五年了，做到了管理层，应该说事业有成。但我的情感生活却仍是一片空白。我容貌端正，这么多年了，自问身材也一向都保持得很不错，身边也不是没有追求者，但不是因为他的收入比我少，就是因为他的收入比我多（有过两三个，都是央企或外企五百强的），总之都没了下文。在婚恋问题上，我的确要比同龄人冷静理智得多，门不当户不对的悲剧，我见到的实在太多，我自己的父母就是一例。请问我的择偶标准是不是很有问题呢？

这位领导，尽管我本人早年在经历过一场门不当户不对的婚姻之后自立门户至今，却十分赞同“门当户对”以及你对这一观念的忠贞坚守。这就好比，我此生虽已不再指望能混进国企上班，但这也并不妨碍我每个月都忠贞地向各种国企缴费。

进入新社会以后，包括“门当户对”在内的各种旧观念，曾经在历次大规模的全社会移风易俗运动中遭到破除，但是，只要

“社”和“会”一息尚存，但凡“门”和“户”依然健在，仍然硬硬朗朗地长在每一户人家的房子前面，“门当户对”就永远会是一个情理之中的存在。但这也并不妨碍你对它做出与时俱进的理解。比方说，“门”字虽仍然不能尽脱“门第”之意，但若拥有了足够的“门面”和“门脸儿”,还是足以和“门第”抗衡的;至于“户”字，在“家庭出身”之外,尤不可忽视了“户口”这一所指。也就是说，男女双方的“门户”未必要相当,但是你们的“户口”及户口所在地，还是以能“对”上的为好。“门”相当而“户”不对，那就是给自己找罪受，给政府找麻烦，那就是你们的不对了。

我的意思是说，“门当户对”既不可无限扩大化为出身，更不宜无限缩小化为收入。按照你对“门当户对”的独家理解，凡是挣得比你多的以及挣得比你少的,都一概以“门不当户不对”处理。比方说，因为你的年薪是八十万（我瞎猜的，只是随便打个比方，如果真实数字是八百万，以下也都是同一个意思，依此类推而已），你就必须找个月薪恰好是六万六千六百六十六元六毛的男人？一个子儿也不能多，一个子儿也不能少？如果确实无法在本企业内部消化，则你若是中石油的，就只能找中石化的？你若是茅台酒的，只能嫁五粮液的？因为你是一国企女，就只能找个国企男；站着是国企的人，躺下是国企的女人。私企的，是高攀了你；央企的，是被你高攀了——你的心思，我大概也能猜到几分，找个挣钱比你少的，你疑心人家谋你的财；找个挣钱比你多的，你又疑心自己谋人家的财——是这个意思不是？

你的择偶标准和择偶范围，就算只能在现行的企业所有制形式里打转，但我还是要温馨地提醒你，我国的经济形势，虽然近年来出现了“国进民退”的趋向，但总体来说，所有制结构依然以“多种所有制混合经济”为主体，既有国有、集体等公有制经济，也有个体、私营、外资等非公有制经济，还包括拥有国有和集体成分的合资、合作经济。因此，只要来找你的那个男人和你都在这个社会主义初级阶段的大框架里上班下班领工资，就都算门当户对，只要他不是个捞偏门的——可你，不就是要嫁个人或者填补一下长期空白的情感生活么，犯得着斤斤计较到这个地步么？挣着卖白菜的钱，操着卖白粉的心——这个嘲的是我；上着国企的班，操着国务院的心——这个说的可不就是您么？你的择偶观，我的明白，不就是“谢绝财帛相交，但求肉帛相见”么？你苦苦等待的那个男人，我的也明白，他最好是不图别的，不谋财，同时也不会被你谋财，丫就是王八吃秤砣，铁了心要来谋你的色、谋你的终身并且谋你二人的幸福的——是这个意思不是？如果是，我只能衷心祝愿这样门当户对的“老谋子”早日把你找到了。时间不等人啊，你可得抓紧了，在时间的轴上，你的财和你的色，是“轴”成反比的。再等上个十年八年，等到你色衰了，样衰了，无色无味无臭了，剩下的只有财，更多的财，很多的财，而且，在经年累月的增长和积累之后，“家肥屋润”四个字里，只有“屋润”没有“家肥”，肥的只是屋主你。你一屋都是财，一身都是财，还净是浮财。届时，被你等到的男人或男人们，不管国企私企，挣多挣少，亦不论老的嫩的，红脸白脸，统统都不用审了，一个个，都特么是一门心思前来谋财的！

倒是省心了，等着吧。再说，十年八年之后，指不定全中国也都只剩下国企了。

唱红歌下。

流泪的真相

尊敬的编辑您好！前几天在新浪微博访谈上，看到有网友问沈宏非老师这样一个问题："沈大师，请问在哪些情况下女人会在做爱的时候流泪？"当时，就连万能的沈老师也承认他自己从未遇到过，也无法解答，其他网友的帮答，也让我不太满意……说实话，这并不是因为我八卦，我无聊，而是因为这种情况有时也会发生在我女朋友的身上！能不能请沈老师和庄老师费心详细解答一下呢？（我问过女朋友，她一直拒绝回答我，还怪我多事。但这个事真的是相当影响情绪的说）

这位小老弟，首先，十分感谢你也参与了那天新浪微访谈的围观活动；其次，访谈虽已结束，但我仍然坚持像这样的问题，你应该去问方舟子、问问果壳知性、问科学松鼠会或者松鼠科学等等，而不是再一次撞到老汉我仍然冒着青烟的枪口上来。

我当时的回答是这样的："这个问得牛逼！无论是直接经验和间接经验（包括 A 片），这种情况我都木有遇到过。我估计，做爱做到一半，如果男人不是突然狂笑起来，女人就不太可能流泪。"

这个捣糨糊的回答之所以不能满足你的需求，很显然是因为你和你女朋友在做爱的中途，她曾经哭泣，你不曾狂笑。非但笑不出来，就连想哭的心都有了，是不是？

好在此问最初生于网上，我被问住了，不代表广大网友也答不出，更不代表阅苦逼无数的庄雅婷老师也答不出。以下就是众网友给你的解答，其中一部分是评论，一部分是私信，比如：“沈老师，大龄女青年失身也会哭，因为很痛，身心都痛，嚎啕大哭，像撕扯着五脏六腑。”

这个回答，你和你女朋友大概也都不会接受。又比如：“关于那时会流泪，我的体验是喝了酒，做爱到达高潮，这个男人我很爱但不能拥有，想在他面前示弱，希望他怜惜我。所以身体里有股拧巴的力量，借着酒劲，哭！”这个看起来尽管很真实，很跌宕，很拧巴，也很文艺，但输在给出的前提条件太多：一，必须是喝了；二，必须是爽了；三，必须是颓了。除非你和你女朋友也是这种不健康的男女关系，否则，参考价值也是不高。

个人认为，说得比较中肯老实的，是这条：“这个必须发个私信告诉您。女人那个时候真的会流泪的，我自己也不懂为什么。不光是流泪，简直就想嚎啕大哭，但不关情绪因素，纯生理的。也许和激素水平有关。”

之所推荐您接受这个，正因你在来信中所言，你曾经就此事问过她，但她却一直拒绝回答，原因，很可能就是因为她“自己也不懂为什么”。想想也是，喝没喝酒，爽没爽，身上的那个男人爱不爱以及是不是能够拥有，这些个，都是点点滴滴在心头，八九不离十，唯独当时自个儿体内那七上八下的激素水平值，这个真不好说，毕竟，它不能像交警查验酒驾时吹口气就能测出来，医疗用品商店和便利店里更没有像“测孕纸”那样的“测哭纸”出售。

不过，比这个说得更中肯更实在的，还得数下面这个最正的正解："连沈老师也不知道这个问题吗？女人流泪有 n 种，最浅显的就是和不爱的人在一起，流泪是一种无奈；还有一种是两情相悦，深入骨髓，女人会不自觉地流泪；另有一种是，爱之深，痛之切，就像食神评委的那滴泪：美好的情感可惜不能再拥有！"

你看，这位网友说得多好，多全面，多到位！意思无非是，爱也哭，恨也哭，爽也哭，不爽也哭，总之非哭不可。换言之，在床上凡是只哼哼不哭泣，只干嚎没眼泪的女人，都是爱不深，痛不切，没感觉，无所谓，基本上都是混饭吃的，应付差事的。

所以，这种连当事人自己都弄不清楚的事，你就别瞎操心了。一样是女人，此女和彼女不同；一样是哭泣，此泪和那泪各异。千头万绪，咬不断，理还乱。若继续较真，到时候在床上想哭并且忍不住哭出声来的，就该是你自己了。而彼时，你俩的约炮暗号，恐怕也得改成"哭"了。例句："今晚咱哭不哭？"或"你刚才哭得好棒！"又或"我们都好久没哭过了耶！"

实在不想让她莫名的眼泪影响你的情绪和临场发挥的话，就试着忘掉上述各种负面的泪水之源，尽量往正面去想，只挑那来劲的、来情绪的去想，比如："嗯？老子最近这是肿么了？这也实在是太强大了有木有？她都喜极而泣了有木有！而且越哭越猛烈了有木有？！"

当然，作为专业和权威人士，不加 V 老师的解答，最后我觉得也有责任转发给你："沈老师，我告诉你，女人在与一个深爱的男人分手前的最后一次做爱会流泪。"防人之心不可无，信木老师，你就要警觉了：她是不是一直都想到外面去找一辆宝马然后躲在那里面哭？是不是把和你的每一次做爱都当成最后一次了？

含泪下。

是送货上门，还是上门验货

我和他暧昧调情八个月了，没有见面只有电联，其中经历了各自恋人的分手，虽然也不一定和对方有关系。是同一个地方的不过现在异国，即将见面。虽然知道千里送（编按:此处删去一字）这种事情非常不靠谱，但还是没有办法阻止自己……恩，我很弄不清楚自己只是想要征服花花公子的心态还是真心喜欢上了，男人对于这种暧昧是不是一般备胎很多没有顾虑？如果真的 ons 之后有没有可能继续发展呢？我觉得自己已经被吃定了……泪流满面。

这位千里送被删除一字姐，男欢女爱，欢得再变态、爱得再灵异，就授受方式而言，终归还是得讲究个你来我往、你情我愿吧。此事正如石碣村里的阮氏兄弟“手拍着脖项”所言：“这腔热血，只要卖与识货的！”（抱歉，最近电视剧《水浒》看得有点多）信中所见，你的纠结主要纠结在以下三个方面：其一，“不清楚自己只是想要征服花花公子的心态还是真心喜欢上了”；其二，怀疑对方“心里不只你一人”；其三，担心“一夜情之后结束，没有了下文”。也就是说，你不怕别的，怕就怕自家的一腔热血，竟卖与了那不识货的，还包邮！

凡是在网络上勾搭而未成奸者，只虚拟未实体的，肉帛相见之前，心态大都如此吧。毕竟是隔山买牛，而不是骑牛买山。因而，此等勾当你只能往宽处去想，无非就是一次普通的网友见面么！合则搞，不合则去，没什么大不了的。问题是，网友见面，通常都会约在一个对双方来说都堪称中立的地方，不论是地理上还是心理上——再次对不起，还是《水浒》看多了——那潘金莲和西门庆的第一次亲切会面，既不在男家，也不在女家，还不是刻意选在了王婆家么？因此，我以为你种种顾虑的出处，往深层次上讲，还是地理决定了心理，屁股决定了脑袋。也就是说，是你去，而不是他来；不仅是你去，而且此去更是万水千山之外。既然是你去，就形成了一种“你主动”的动态，一种你“主动送上门去”的情势；既然主动的是你，则接下来的初动、连动以及大动，就会顺理成章地一股脑都算在你的头上了。相对而言，他就显得“被动”了，以逸待劳了，坐以待被删除一字了。既担心自己犯贱，又疑心对方犯浑，在你包邮送收之后，收货人还不一定给你好评，害你各种不爽、赚你各种不安的，不就是这个么亲？

事实上，我的老师、我国著名的精神病学专家陈立教授早就通过严谨的人体科学实验，证实了心理学上的一个著名的哥德巴赫猜想，即“心理和精神上的紧张来源于并后发于肌肉的紧张”。不信？换他前来会你，让他千里送被删除另一个字，让他肌肉紧张，换你以逸待劳，如此这般，你的种种顾虑，一定就会瞬间转移到他的心里去了。或者，试着约他在一个地理上的中间地带会面，没有王婆家，就到外婆家。他若死活都不肯来，推三推四，坚持要你过去，他对你的“真心不足，淫心有余”，能不立马就昭然若揭么？

不过在老夫看来，你对他的态度，却是“真心有余，淫心不足”。因此我的建议是，既然有心，也甭管是什么心了，就横下一条心吧，就去吧，就当去了趟澳门，进了趟赌场，不管开大开小，就赌上一把，赔率么，反正都是五十对五十。此外，你能肯定以下这两种情况就一定不会发生么？情况一：一旦见了他的真身，你拉杆箱还没放稳，人就立时倒了胃口，以至于慌不择路，拔腿就跑；情况二：one night stand 之后，他相信自己的这辈子是要被你给吃定了，狂抽事后烟畅想未来 ing，而彼时，你的大脑一片空白，心中唯一念尚存：赶快叫个 room service，吃个早餐毅然回国而已。

再不行，你干脆就这样想：买张机票就去了，管他千里送的啥？为什么就不能当做是姐你自己的千里走单骑寻芳以及千里奔袭猎艳之壮游呢？什么送货上门！为什么就不能是上门验货或者破门查货以及砸门越货呢？！如此一想，会不会有一种豁然开朗然后无所畏惧的感觉呢？

玩填字游戏下。

真爱如雷劈

我的人生一直都很有规划的：初中、高中，坚决不谈恋爱，不和男生混，只锁定一个目标——考进名校。进了大学后，也分成两个阶段:大一到大二，恋爱虽然还是坚决不谈，但暗中留心观察，以待大三或大四开始进入状态。可是，毕业后到现在，我已经上了整整八年班了，其间虽然也经历过几次恋爱，但每一次我都无法确认那是不是真爱，虽然我在交往过程中一直很耐心地去感受，去体验，但是，在我得到我的答案之前，他们一个个都不耐烦地离我而去。时间不等人，来自父母的压力也越来越大，你们说，我是要继续等待，还是放弃?

这位等爱女，这世上需要等待的东西，比如等公车、等飞机、等刮风、等下雨、等花开花谢、等潮起潮落、等大姨妈……哪怕是等死，等等等等，只要你能等，你善等，你耐等，迟早都能等到。唯独这苦逼的真爱，那是绝逼不好等的。

世上最难等的，比如戈多，但你等的真爱，却不会像戈多那样，尽管一直不出现，可每一次都会派出 ta 的使者，正式通知那些苦苦等 ta 的人“明天一定会来”，让人多少有个念想。可你等的真爱，绝没有戈多那么仁慈，那么厚道。真爱之难等，不是今天不来，也不是明天不来，而是即便来了，你也无法确定 ta 是否来过。故而一不小心，等“真爱”就变成等“真二”了。

真爱是否真的来过之所以难以确定，难就难在首先你无法确定什么是爱以及什么是真爱。作为一个有计划有预谋地谈过几次恋爱并且每一次自认那还不算真爱的女青年，“真爱”对你来说，至今仍不过是一个概念，一个传说。等真爱，并不像你到机场去接一个人，虽然未曾谋面，但只要举着一个名字或者一张照片，就算经过再多波折，最后也能接到那具名副其实的血肉之躯。但是，你对真爱的等待，尽管也只是凭着电影里的一个画面和爱情小说里的那几行字，却是永远都无法等到的。因为迄今为止，你对“真爱”的全部正确认识，加起来，也不会超过“真爱”这两个汉字的全部笔画以及这两个汉字所适用的各种电脑输入法，包括简体字和繁体字。

既然概念说不清，就说切身感受吧。什么是真爱？用蔡澜先生的话来说，真爱，就是一种被雷劈到的感觉……额，好吧，我就知道，这个答案一出来，你小宇宙里出厂内置的“科学松鼠会程序 5.0 版”就会自动启动，电光火石之间，发出一连串的追问：比如，被雷劈？那是要如何认定？究竟是五雷轰顶还是一箭穿心？还是要被劈成外焦里嫩或者内焦外嫩的那种？ Well，再说，you and me，到目前为止，谁都没被雷劈到过，蔡先生？他能肯定自己曾经遭遇过雷击么？他老人家两颊之上那性感的红晕，是被雷劈出来的么？

不管你有没有那样问，反正我自己先被自己雷到了。说实话，不管是“雷劈”、“雷击”、“电击”还是“刀劈”以及“刀逼”，就算我说真爱的感觉就和吸毒一样，那都只是一种隐喻。就连“真爱”本身，也是一种隐喻。即便蔡澜先生或我本人最终能够为你提供一种让你喜闻乐见的说法，却也只能是个人的感受，还是男人的，女性未必适用。这就像尿急的感受一样，男女大致相同，却又同而不合。

什么是真爱？真爱是神马？如何是真爱大意？多少人到此茫然，犹有这个在。讶郎当做什么！某种意义上，真爱和佛法一样，不宜等，只消悟。用心是一定的，用信心入可，用疑心入亦可，用悟心入亦无不可，但最高的境界，是用“无心”入之。也就是说，只有在你从此彻底断了“真爱”这个念想，忘了这个名词，让自己在一种“非言语的存在”之中，思路断绝，本质坦露，“真爱”才有可能被等到。“真爱”既如此，所谓“等待”，也就一定不是要你每天都等着下雷阵雨，一闪电，一打雷，你就速速奔到河边、树林、山顶、楼顶、烟囱、广告牌等一切容易招雷的地方等着挨劈。

在“真爱”以及“是否真爱”一事上，一切分别、一切知识都不起作用。此事之妙，就妙在可以很玄，也可以很闲。意即，判断“真爱”之最高纲领：愿意托付终身，愿意和 ta 一起养育后代；最低纲领：愿意献出一身，愿意和 ta 睡在一张床上。

“真爱”虽不容拟议，但可以等，也值得等，唯独不必等得太刻意，太有规划。话说你的等爱人生也太有规划了吧！人生太有规划，那就不像人生，而更像是一个项目了。到时候，你等来的不可能是什么“真爱”，净特么都是一波接着一波的项目经理了。

顶避雷针下。

拉黑技术哪家强？

我好郁闷，而且我郁闷的是我不知道我究竟算不算喜欢那个人。我觉得那个人气量小，不知好歹，不懂得珍惜，于是QQ拉黑手机删掉，可是我看见他和别的女人说话我竟然心里会不爽！求仙人指点！

这位十三点，无法确定自己是不是喜欢一个人或一个东西，你应该生你自个儿的闷气才对——气自己脑残，恨自己白痴——千不该万不该，你不该迁怒于对方。这就好比你纠结于要不要去买某款新上市的爱马仕包包，你可以气自己判断力和决断力双双低下，恨自己囊中羞涩或者之前买了太多，却不该憎恨爱马仕以及爱马仕家族里的任何一位成员，也不能生时尚杂志的气，更不可迁怒于郭美美小姐。“爱屋及乌”是有的，但这话只能正着说，反着说是没有的，也不可以有的。

“看见他和别的女人说话我竟然心里会不爽！”你这么说是什么意思？是想让我据此来做出“你和他还是有感情基础”的判断

对么？好吧，那你且稍等片刻，待我从丹田深处往上提一大口气，然后对着虚空中吐出一个强有力的爆破音：“呸！”

很遗憾，在我本人谈恋爱的时代，只有手而没有手机，QQ 对我来说，也只是扑克牌里的一对 Q。因此，这方面的经验什么的也就完全无从谈起。我能谈谈的，只有我在网上的若干类似遭遇。你的心情我想我理解，在网上，我也隔三差五地“拉黑”一些人——准确地说，是隔三差五地拉黑一些 ID，因为我基本上无从判定 ta 们究竟是不是人，遑论是男是女。至于拉黑的理由则五花八门，比如“嘴贱”、“欠抽”或者“脑残”、“样衰”等等，这些理由，大体上与你拉黑那个人的相类，比如“气量小”，“不知好歹”，“不懂得珍惜”，也是等等。当然，这也毫不妨碍以上“等等”同时也可以成为被拉黑者反过来骂我的理由。只是一旦完成了“拉黑”这个动作之后，尽管在某些个月黑风高之夜，我偶尔也会偷偷打开我的黑名单，偷窥一下被我拉黑的那些 ID，和你一样，彼时在我的心中，充满了以下种种激情燃烧的画面，比如，丫们在发现自己被我拉黑之后，羞愧难当，无地自容，有的当场精神失常，有的立马吐血倒地，小脸都悔绿了，肠子都悔青了，那一个个的，不是割了自己犯贱的舌头自残，就是等着能最后爱特我一次然后抹脖子视频自杀，最轻的，也是一直在自抽嘴巴抑或是长跪不起并且狂呼沈爷饶命——尽管这种愿望美好到如此无以复加的程度，但我依然还是无比淡定地保留了丫们如常和别人说话的权利，这样做，决不表明爷大度，爷不吝，爷敞亮，而是因为无论从理性工具还是工具理性上，爷都大度、不吝并且敞亮地深知，爷是无法禁止 ta 们和别人说话以及在这些谈话里提到爷的。你也一样，你能做的，只是动动你的食指，按下鼠标的左键，然后再毅然决然地确认一下——礼成。接下来，拉黑拉白，各安天命，拉干拉稀，自求多福，该干嘛干嘛去。

任何需要让你在“要”还是“不要”之间做出选择的事情，不管是男人还是包包，在你尚无法做出最终判断之前，我认为都不宜急着采取“拉黑”行动。这倒也不是说做人就应该这样慎言谨行，深思熟虑，时时都不忘给对方留面子，给自己留退路——我真不是这个意思，我的意思是说，拉黑（包括在手机里删号）这个动作，操作起来实在太容易了，容易到连眼都不用眨，掌都不用反。食指大动，久而久之，很容易拉顺手，拉习惯了，到头来，一不小心就把自己也给拉“嗨”并且“拉黑”了，一条道，走到黑，直到指头儿告了消乏。

拉黑技术哪家强？中国山东找蓝翔！

求拉黑下。

被拒绝的知心大姐

我女友说，给朋友倾诉自己伤心的事，是对朋友的伤害，会让朋友难过。还说人只有伤害自己的权利，没有伤害别人的权利。她宁可自己痛苦，也不去向朋友倾诉。我觉得她这种想法很荒谬，她现在自己沉浸在种种痛苦中，可是我不在身边陪伴，我该怎么劝劝她啊？

这位被拒绝的知心大姐，你的信，我是从头到底又从底到头、按了慢进又按了慢倒地连着看了三回，却始终也没能看出一个完整的故事来，更没有如愿看到你女朋友目前正沉浸其中的"种种痛苦"。尽管你让我想到了绝大部分的国产故事片，但《周末画报》读者的基本素质，到底还是要比大部分国产故事片的导演略强一些，到了，我总算还是看出来了，其实你想问的是，如何强迫一个表示坚决不接受你的帮助的人愉快地放弃自己的坚持，然后乖乖地把她心中的痛苦全部告诉你，顺从地接受你的帮助。是这样不是？

你那女友的理论，自有她的道理，不算荒谬。把自己的伤心事、倒霉事以及种种破事烂事诉诸朋友，不管是否怀有刻意去伤害对方的初衷和动机，客观上，却也容易使对方受到自己负面情绪的感染，进而造成事实上的“伤害”，就跟传染病似的。你女朋友的认知，无疑就是建立在这个“传染病学”的基础之上。然而，即便是传染病，却也存在着某种微妙的差异。

比如，明知自己得了传染性的小感冒，却坚持来赴和你在一年前就商定的鸡黍之约，并且自始至终都坚持不戴口罩，公然无视公筷的存在，坚持用自己的筷子频频为你布菜，还不停地凑到你耳边细说一个能让你嗨到天花板上去的惊天大八卦。这种情况，就属于是对你的善意伤害。毕竟，她的守约，她的乐于和朋友分享八卦，她的殷勤的餐桌服务，这些都属于她身上的优秀品质。对此，授受双方即便谈不上什么甘之如饴，但应可泰然处之。再者，尤其是作为“受”的这一方，也必须得就这么想了，否则，合着我和庄老师就活该心甘情愿地被你们伤害了？被你们用各种苦来逼，用各种悲来摧，还每周定期地逼摧上一次？

第二种情况，比如即明知自己因各种原因而患上了某种名称古怪的传染性的性病，患者之身心，也像你朋友那样“自己沉浸在种种痛苦中”，然而，他却坚持要带病不戴套地和你上床，并坚称那是为了让你爽，而且坚持要等你先到高潮。这种情况，就属于刻意害人了，也就应了你女朋友的格言“人只有伤害自己的权利，没有伤害别人的权利”。

因此，欲说服你的朋友向你敞开心扉，欲彻底解除她对你而设的心防，首先得研判她的防御体系到底是“吃饭型”的还是“上床型”的。根据你所说情况，我觉得她应该属于后者，即把自己设定为一个危险的“性病传播者”了，在这种情况下，你要是仍然坚持把她“拉上床去”，也同样坚持“带病不戴套”，作为你的密友，她又将情何以堪？

朋友间，确有互相诉苦以及互相倾听这一种不成文的权利和义务，但也并不是所有的苦楚都有义务向对方诉说，而对方更不享有主动向对方索要倾诉之权利。子曰：“益者三友：友直，友谅，友多闻。”你要她对你“直”，更要付出自己对她的“谅”，而不是只顾着让自己变得越来越“多闻”。相比之下，什么都说，什么都问的朋友，感觉就更像是孔子眼里的三种损友了：“友便辟，友善柔，友便佞。”

不如就这么跟你说吧：如果你是一个保洁工，在小区里看到一个人拎着一个鼓鼓囊囊的黑色塑胶袋从楼上下来，你觉得她是有垃圾要倒，遂主动推着垃圾车迎上前去，可对方却白了你一眼，说袋子里并没有垃圾，又说就算是有垃圾她今天也不想往你的车上倒。你怎么办？是推着垃圾车一路轻度追着她的尾并且一路好言相劝说“你倒吧倒吧就往我这儿倒吧，那么多垃圾，不倒会死人的呀！”，还是偷偷打电话给110，报告说你在小区里发现了一起疑似谋杀亲夫碎尸案？话说，你居然为了这种本来不言而喻的小事而专门写信到《周末画报》来发此一问，这种行为，我又该说你什么好呢？

狂打110下。

将心来，教汝抓

总是觉得我的男朋友对我不够用心，而且他的心貌似也不怎么在我的身上,永远都在我不知道的地方飘着。但具体也说不清楚,因为表面上看,他对我算是很不错的,我的闺密们也对他赞不绝口。不过这仍然不足以排除我内心的不安全感，请问到底要怎样才能抓住男人的心呢?

这位“抓心”狂，你之狂抓，实在令我抓狂。

之前也收过类似的读者来信，问的不是抓心而是“猜心”，发问者是男的，他要猜的是女人的心。当时我奉劝他的话是：“‘女人心，海底针’，你是永远都捞不到这根海底针的。当然这也不能全怪女人，因为经常性的——就像我姥姥生前做针线活的时候那样——就连她们自己也不知道把针藏在哪里了。”

“猜”，还是为了“抓”，“猜”无非是实施抓捕之前的监控和定位动作。然而男人永远都猜不透女人的心，女人也别指望能抓到男人的。如果老汉我是达摩，一定会跟你说:“将心来，教汝抓。”

遗憾的是，我不是，而就像“我不是达摩”那样可以百分百肯定地告诉你的是，女人虽然有心，却猜不到也抓不着，男人能抓到的，最多也就是她的左胸；而男人则一概都没心的，如果你实在无法克制自己的手贱、非要在他们体内动点手脚的话，你能做的，只有顶他的肺。

心，可以攻，可以防；可以动，可以止；可以开，可以闭；可以得，可以失；可以生，可以灭；可以一，可以二；可以正，可以偏；可以有，可以无；可以起，可以放；可以大，可以细；可以诛，可以养……什么都可以，唯独不可抓。那句话，是怎么说的来着？“欲得到男人的心，要通过他的胃；要得到女人的心，是通过她的（此处略去二字，你懂的，因为你有的）。”但所谓“通过他的胃”，并不是说先把他的嘴巴撑开，让你把小手伸将进去，一直往下、往下，通过一系列热烘烘、黏糊糊、滑溜溜并且曲里拐弯儿的黑暗管道，先 check in 到他蠕动不已的胃，到此一游，拍照留念，然后马不停蹄地挥师向左、向左，然后一把捏住他那那颗活蹦乱跳的火热的小心脏——如果你一直都相信“欲得到男人的心”这两句话是出自张爱玲、钱锺书、李开复、乔布斯、张小娴或者方舟子之口，那么我就会相信自己有义务提醒你，“抓心”的事，也绝不是像我上面所描述的那样的。

所谓人心者，尤其是痴男怨女之心，指的并不是生来就潜伏于胸口左侧内部的那一小团活肉，而是从全身上下里里外外“生出来”的一念、一相。即是说，在男女关系当中，此“心”只可催生，还得是互催。所谓“通过他的胃”，说的是你要顿顿都给你男人做好吃的，做他爱吃的，日子有功，让他频生吃你之心以及吃定你之心、爱你之心以及爱死你之心，直至一心一意地执著于离开你就不活了之心——至此，他的“心”才算是被你给抓住了，还是活捉。

很显然，要做到这一点，光有厨房、厨具和厨艺，那是远远不够的，必要的设备和手艺之外，最不能缺的，乃是你的用心。所谓将心比心，无非是以心生心、以心易心或者将心换心。女如此，男亦同，尽管其“抓心”之路径与女人有异，却同样也不能用到手或者别的肢端，也得用他们自己的心去换。

诛心之论，难免虚无缥缈，你可能也听不太进。也罢，如果你实在手痒难耐，加之天生动手能力超强，非得在他身上找些东西来抓抓的话，则与其抓他的心，不如抓他的房子、抓他的现金、抓他的手机，抓他的小三、抓他的老二，抓他的虱子、抓他的痒痒。以上种种，总之伸出你的魔爪放手狠抓就是，除了他的心。真抓不如实干。事实上，你之所以常怀“抓他的心”之心，无非就是因为你极度缺乏安全感。你内心深处想要抓的，只是个抓手而已。而就“将心比心”和“将心换心”而论，你那颗热切的“抓他的心之心”，换来的，只能是他的一颗迫切的逃亡之心，再这样闹下去，你们双方很快就会连死的心都有了。

扪心下。

人胸在眼前，人心隔肚皮

在朋友的婚礼上，偶遇已分手两年的前女友，本来我挺尴尬的，没料到她好像什么事都没发生过一样，主动热情，给我留了新的手机号码，还约我吃饭看电影。话说，她真的比两年前更漂亮了，胸也更大了（她是不是去隆过胸啊？），所以我感觉要出事……终于，昨晚她发短信，表示想重修旧好。虽然我目前还是空窗，但是面对这样一个前女友，真不知该如何应付，虽然当年是她主动提出分手的，但是好马不吃回头草，如果我答应了她，算不算吃回头草呢？求解救。话说，从婚礼上第一眼见到她时，“好马不吃回头草”这句话就一直回响在我的耳边……

这位爱马士，人的事怎么能用马的事来说呢？不过为你解惑之前，咱们还是先来把马的事情说说透好了。所谓“好马不吃回头草”这一说，个个都能脱口而出，却未必经得起追问。比方说，回头草为什么不能吃？为什么好马就不能吃回头草？为什么吃了回头草的就不能是好马了？等等。

照我看，好马之所以不可以吃回头草，原因无非以下几种：第一，假设此马一路都走直线，一路都埋头吃草，那么，很显然，再回首，在它走过的那条直线上，已然无草可吃，要有，也是刚才没啃干净的，回头再吃，属于舔盘子的干活，寒酸，没腔调；第二，此马胃纳超大，消化超强，一路走来一路吃，一路吃来一路拉，一饭三遗矢，若回头还有剩草可吃，那草，也都是被它用屎尿给调过味了的，尽管是它之己出。

是故，情况一，属于吃相好不好看的问题；情况二，算是吃得健不健康以及卫不卫生的问题了。既懂吃，又会吃，吃起来更有腔调者，无疑便是良骥，否则，就是那“不好”的劣马。

然而，要是有那么一匹马，八字生得靓，命里有食神，所在的那片草原，生机勃勃，格外肥美，那些疯长的草，更是马齿嚼不尽，春风吹又生（比春风更温暖更频繁更有营养的乃是马屁），浅尝一口，再回头，但见那草叶尖尖们立马就重新冒出了一茬，还极其犯贱地更嫩更鲜更水灵——那光景，就像你在朋友的婚礼上再次见到自己的前女友，盘更正了，胸更大了——这草，那可是不吃白不吃;那头，这可是不回白不回。不回头，那才是冤大头呢。一家好店，必然就有回头客不是？再说，不管是马还是人，没事多回回头，不仅能助消化，而且还有助于预防颈椎病呢。

所以，你既然为她再次心动了，那么，看在她比以前更漂亮、胸更大尤其是对你更热情更主动的分儿上，直接去马就是，无需再纠结于什么“好马不吃回头草”这种非人的理念了。需要你留个心眼儿的地方，并不在此，而在于即便她的胸再大，但毕竟在她的胸还没现在那么大的时候，她有过抛弃你的前科。我认为，决定回首之前，你有必要充分了解一下这株香草在你身后再次生长出来并且在春风里摇曳生姿的动机和原因，也就是说，你的前女友她，她的目的何在？是因为经过反思而觉得自己上次是瞎了眼所以下决心与你重修旧好，破镜重圆？还是因为同样经过反思而相信自己上次真的是瞎了眼因而觉得上次抛弃你丫时的力度不够大、姿势不够帅，因而计划重新勾搭上你，然后再狠狠地、完美地重新抛弃你一次，回首之后再回首，定让你宝马变马六，种马变骟马，大种马变小种马，千里马变一字马，卧槽马变绊脚马，昭陵六骏变古道瘦马，活马变死马，有马变无马，吃二遍苦，遭二茬罪——其用心和用胸若果真险恶至此，那咱们就一千个不同意，一万个不答应！

古人云，害人之心不可有，防人之心不可无，尤其是胸大之人，特别是由小变大之胸。而防人之胸，这个更是可以有啊。所谓心胸心胸，人胸在眼前，人心隔肚皮。因此，回头不是问题，问题是在草、你、马以及草、她、马等多个选项之间，你得要慎重权衡利害并充分考虑其间之变量。回头草可以嚼，眼前亏不能吃。

扬鞭催马下。

喔仲尼！啊仲尼！

我的未婚夫，Johnnie，英国人，在上海工作。他极端地热爱中国文化，说中文，穿中装，最近还给自己起了个中文名，“仲尼”，非要我喊他这个。更让我无语的是，他决不错过任何一个中国传统节日。这个端午节，我本来打算好好休息两天，粽子么就超市买买算了，但他非要我在家教他包粽子，弄得我只好大老远地把他带到我爸妈家里去。对这个，开始我还挺感动，渐渐就有些烦了，甚至烦到重新考虑是否要和他完婚了，加上他至今都没有买房子的打算。你们说我该怎么办？劝他别这样？又不太说得出口，显得我们中国人自己也不热爱自己的文化似的。

这位“扛洋枪的”——不好意思，这个北京俚语，特指像你这种和老外交往的中国女人，只是调侃，没有恶意，最起码，恶意并不明显，也不外露。我借用一下，旨在在向广大不明真相的读者说明你当前所处复杂的境况时打个较为形象的比方：一杆擦刮拉新的洋枪刚刚扛上肩，及临阵摸枪时，却发现它原来是一门如假包换的土炮。

爱汉语，爱唐装，爱包粽子，是他的个人爱好，只要在爱汉语的同时没有爱汉服，包完粽子之后也爱吃粽子，都无所谓对错；身为他的爱人，只爱他的个人却不爱他的个人爱好，那就是你的不对了。毕竟，他之所以会漂洋过海地来到上海并且爱上了你，可以说是缘分，但这缘分的大背景，正是因为他对中国文化的热爱。在他的心目中，你就是中国文化的女代言人，而且还是可以陪他一起睡觉的那种。

与此同时，你爱他，就并不一定是因为你爱莎士比亚，你爱鲁尼，你爱巴宝利。你爱他，只是因为你爱这个名叫 Johnnie 的男人，你的爱，比他的爱更单纯，更直接;他的爱，比你的爱更厚重，更复杂。因此，你将不可能在这段关系里独善其身，把自己从中国文化里摘个干净。皮之不存，毛将焉附？因此，给你的建议，就是想方设法把你对他的爱和他同步一下，来一个大幅度升级。当然这并不意味着你非要像他热爱中国文化那样也去热爱英国文化，而是要把“热爱中国文化”的话语权牢牢地掌握在你自己这个代言人的手里。你可以因势利导，循循善诱地把他对中国文化的热爱引导到对你有利的正确的大方向上来。比如，如果你们打算在上海长期定居，生儿育女，那么，买不买房子这件事，就必须优先被纳入到“热不热爱中国文化”这一大文化高度上来做重新考量。你要尽一切可能地让他明白：爱土地，更爱土地上的房子，这才是真正中国传统文化的精髓。你更要让他看到为什么你的眼里常含泪水,然后让他懂得那是因为你对这土地（含使用权）爱得深沉！

关于他的中文名，这个可以有。反正地球上任何一个地方的男女老外，不管他这辈子来不来中国，也无论他是否从事汉学研究，一旦有机会被我们中国人点到名，就得有个中文名，必须的，更不会顾及对方愿不愿意。与其这般，主动给自己起个中文名，算他醒目，也算没白热爱咱中国文化一场。“仲尼”可以有，叫就不一定了，尤其考虑到你们的这种关系，比方说，当你们在床上进行中西方文化交流活动时，你一旦高兴起来，“喔仲尼！啊仲尼！”的一通乱喊，对中国文化的老祖宗孔夫子大不敬还倒罢了，万一诱发了 Johnnie 哥的文化性阳痿，那就得不偿失了。床上床下皆宜的日常使用之中文名，可以参考他祖家的名牌产品 Johnnie Walker——这位 Johnnie 大叔比你的 Johnnie 小子早一个世纪来华，比他更热爱中国文化，人家给自己起的中文名，却是非常得体的“尊尼获加”，就连绰号，也不过是“约翰走路”，并没有把自己拉升到“孔子周游列国”的高度。当年，它要是也自称“仲尼”的话，今天很可能就沦为进口的“孔府家酒”了。

Keep Walking 下。

一直活在热恋的激情中

婚姻真的是爱情的坟墓！我结过两次婚，离婚的原因，都和对方无关，都是我自己“作”出来的。因为我就是这样一个女人，我最不能忍受的，就是没有激情的人生。而前两次的婚姻，正是因为恋爱激情的迅速消失而告失败。现在，我正准备迎来我的第三次婚姻，在请你祝福我的同时，也想请你们回答我的一个疑问：怎么才能一直让自己活在热恋的激情中？

这位三婚娘，不管充分不充分，离婚确实可以有各种正当理由，比如有一方不肯和一方睡觉，比如有一方虽然肯和一方睡觉但睡觉时打呼噜，等等等等，在我看来，无不理直气壮。不过，像“没激情”这样的理由，气是壮的，理却不能算很直。

你说“一直”？我只知道“二”有多“二”，但敢问“一直”有多“一”？“一直”又有多直？婚姻是不是爱情的坟墓？这个，相信你比我更清楚，因为你都入土两回了，目前又准备迎来自己的第三次葬礼。坟墓什么的，各有各的死法，各有各的埋法，各有各的阴宅，各有各的风水，另说。但无论从日常生活还是人体的各种化学指标来看，欲“一直活在热恋的激情中”，这个还真有难度，比一直都活在人世上还难。

其实，与地球上绝大多数哺乳类动物相比，人类早就以“不渴而饮、四季交配”之行状而久居万物之灵并且早就自觉到万恶淫为首了。在这个恶形恶状的生物学基础上，你仍然怀有“一直让自己活在热恋的激情中”之热望，说明阁下对人类的这一现状仍有大的不满足，且毅然决然地打算百尺竿头更进一步，以一己之力来推动全人类的进化，将“不渴而饮、四季交配”向前推进至“不寒而栗、四处交配”，把新华书店全线升级为诚品书店，把王府井百货大楼一至八层全部都改造成全世界最巨型的“7-11”旗舰店——恕我直言，欲“一”着并且“直”着度过这种激情燃烧的岁月，我能想到的唯一的“怎么才能”，就是锻炼身体、打针吃药了。

不过更悲催的是，既然你要热恋，求激情，还一直，除非你可以一直都保持自娱自乐、自给自足、自作自受以及自饮自 high 的状态并且甘之如饴，一直都不假手于人，否则，你就不可能独善其身地只是勤于锻炼自己的身体，给自己打针吃药。革命导师教导我们说：只有解放全人类，才能解放无产者自己，一国实现不了共产主义。虽然你的压力不必有这么山大，更不必倡导全民健身，但是，要充分释放你澎湃的激情，让自己一直活在热恋的激情中，你至少也得努力“解放”他二三十个成年的雄性人类吧？再说了，激情这东西，总是互相激发的，就算你玩儿命地锻炼身体，催命地打针吃药，也未必能弄得出来。锻炼身体，打针吃药，整出来的未必是激情，一般也就是激凸。

好在，不管怎么说，你也算是一个人中极品了，因为你的恋爱，既坚定地以结婚为目的，又明确地以婚姻为坟墓，也就是说，你不断地在努力地为自己寻找墓地然后奋力地为自己挖掘坟墓，奋不顾身地跳进去之后，又一直不懈地从坟墓中勇猛地破土而出，诈个尸，还个魂，吓唬个人什么的。也好，你就保持这个队形，在你自己的动感地带里不停地跳进跳出吧。其实，这种状态，和你孜孜以求的“一直让自己活在热恋的激情中”也相差不远了吧？任重而道远，你就跳跃着上下求索吧。即便终你一生也无法让自己一直活在热恋的激情中，你也必将以你的这种西西弗斯式的伟大而悲壮的实践永远活在我们的心中。

三鞠躬下。

找妈的、找抽的以及找妈抽的

我和男友相恋三年，都在深圳工作，半年前，他妈妈过来，带着他表妹，在我们租的房子里住了三个月，从不做饭的我，竟然也每天下班买菜回家做饭，我觉得自己有努力地和她们相处，但貌似人家并不领情。直到他妈妈离开后的第二天，他的表妹跟我讲，他妈妈不喜欢我，临上飞机时，逼着他跟我分手，还要他当场承诺。简直晴天霹雳，我哭了一天。我太傻了，完全没有看出端倪，他也从来没有跟我提过他妈妈不满意我，还打死不承认他妈妈逼他跟我分手，为此我们大吵，他每天喝酒，在我面前哭，责备我为什么不能装得乖一点，都是我的错。他是一个大孝子，加上他妈妈有心脏病，而且他妈妈竟然跟他说，是我赶她回老家，原本她还想待几个月。天啦，我并没有说这样的话，不知道他们为什么要这么讲。因为这事，我们的感情大不如前，更多的就是争吵。后来他说需要冷静一下，于是我就搬出来了。开始他还常来看我，直到后来才明确跟我说，我们已经不可能了。

我不想失去他，我确定自己内心里真实的想法。以后我可能再也碰不到对我这么好的男人了，很难去爱上一个人，当初他追了我几个月我才正式跟他交往，他一直毫无保留地对我好。我不想失去！我该怎么做？

这位怨女，首先，我要狠狠地表扬你一下。自本栏开张以来，像你这样能够“确定自己内心里真实的想法”的苦主，貌似还是第一次读到。更多的，都是完全不知道自己到底要什么以及不要什么的糊涂虫。就凭这,老汉我今番就决定从丹田里提出一口真气，把你的混蛋男友和他妈以及他妈的不是好好数落一顿，帮你出出这口鸟气。

不是我谬奖，以社会主义初级阶段的基本妇德而论，像你这种从来不做饭的人，为了讨好男友他妈，“竟然也每天下班后买菜回家做饭”，这境界，即便够不上二十四孝里的割肉孝母，至少也等同于卧冰求鲤那个级别了。搁古代，足够给你在你家小区门口立个“贤良淑德”的青石大牌坊。对你男友他妈，你绝对是已经做到了仁至义尽，遑论你还是没过门的，更遑论这还不是住在他家的祖宅里，那房子是租来的，还有你出的一半钱。不满意？凭什么？！

这家人，你是斗不过的。这三个脑子分别被不同材质的门板夹过的坑爹组合，他们就是合起来变着法儿地欺负你。他妈，使的是阴招，当面不说，背后下毒；她儿，出的是昏招，背后认怂，当面不认。不知道？他能不知道么？就算他妈当时只跟他表妹说了而且没有 CC 给他，但是当他从你嘴里得知以后，就不能去和他妈查证并对质一下么？不敢认，还一股脑把错误都归咎于你，自己啥都不干，就会喝酒流泪博同情。这种丧失了“确定自己内心里真实的想法”之基本能力的废柴，完全不知道自己要什么。他要是真的像他说的或者像你说的那么爱你，就应该自己出面去摆平自己的妈，喝酒啊痛哭啊什么的，这样的苦情戏，也不是完全不能演，只是他的观众，从头到底应该就只有他们家老太太一人，丫这是跑错了码头，进错了场子，搞错了观众。找妈的是他，找抽的也是他。

除了他、他妈，还有他那个在你们仨之间负责传话的表妹，依我看，也不是什么好东西，如果他算是文艺青年，他妈算是普通中老年，她就是一二逼表妹。我甚至怀疑，他妈是不是在他儿子还穿开裆裤的时候就把这表妹许配给他了。当然，要是真有这事，他可能是真不知道，知道的只有他妈和她表妹——要知道，在这个故事里，能够“确定自己内心里真实的想法”的角色，除了你，还有这俩。

因此，面对这一家子各怀鬼胎的极品二货，与其问我“我该怎么做”，不如自问：“我还能做什么？”其实，两种不同的问法，答案也都是殊途同归：跟丫分！既然都搬出来了，就把回迁这念头断了；既然都出走了，就别再做回归的打算。你要抱定“视归如死”的决心，早走早托生，没什么好啰唆的。

最后也要骂你几句——不是为了以示公允，而是我实在骂得刹不住车了，惯性使然。你说，“或许以后我再也碰不到对我这么好的男人了。”这叫什么话？这种昏话，也就是自我麻醉一下罢了，很快，你就会把他忘掉的，直到像忘记初中时背得滚瓜烂熟的化学元素周期表那样忘得一干二净。男人，天底下多了去了，不管有妈的没妈的，你就差他这一个么？再说，他这就叫“毫无保留地对你好”？我呸！就算他对你“毫无保留”，但他同时也保留了“毫无保留”地对他妈好以及保留了在你和他妈之间劈腿的权利；还有，“当初他追了我几个月我才正式跟他交往”，这就值得你感动值得你不舍了？追几个月算什么？笑话！旧社会，上海滩凡是有点职业道德的性工作者，通常要让顾客们年中无休地苦苦追上一年，方才赏给丫们一亲芳泽的机会。要照你说的，追了几个月就算情圣就算真爱，那些姊姊妹妹也就无需等到五零年才让新社会来拯救来改造了，至少在辛亥革命之后的十二个月里，就该从火坑里站起来跳出来集体从良了。

不要被各种自说自话而自说自话地感动了，再这样下去，这个烂故事里得心脏病的女人，他妈的恐怕就不止他妈了。

骂娘下。

友直友谅友多毛

终于找到了一处物美价廉的房子，成功地和女朋友同居了。本来是很幸福的事，但没想到居然躺着也中枪，意想不到地受了伤：随着她的电脑、她的化妆品和她的衣服，她还带来了她的狗！对狗，我本来是无所谓的，但我不能接受的是，她和狗的关系也实在是太不正常了，拥抱、亲吻、对它说各种肉麻至极的话，这些也就算了，最不可忍受的是，每天我一进家门，它就对着我狂叫，每天晚上，她还要带狗上床，让它睡在我们中间，而且，这个狗还总是掉毛！我抗议几句，她总是义正词严地强调说，狗是人类的朋友，我非但无权干涉她的私人交友，而且爱她就要爱她的狗，甚至要比爱她更爱。前天，我们又为这事大吵一架，她已经提出最后通牒：不是她和狗一起留下，就是她和狗一起离开。我彻底无语，我该怎么才能说服她在狗和我之间做出正确，不，应该说是正常的选择？

这位狗不理君，在解救你之前，我首先要纠正你在措词上犯下的一处严重错误：就常见宠物而言，尽管“猫”依然是“猫”，但“狗”已经早就不再是“狗”了,你应该循惯例称它们为“狗狗”——正如电视广告里,人皮也早就不再是“皮肤”,而是改叫“肌肤”了;人毛也早就不再是“头发”,而是唤做“秀发”了——千万不要无视这一字之差,它代表着两种完全不同的态度和价值取向。必须端正你的态度,如此,你和她,你和我,你和它,才能谈得下去。

现在开始,静默三分钟,心中默念:“狗——狗狗,狗皮——狗肌肤,狗毛——狗秀发……”怎么样,开始有些习惯了吧?那好,咱们接着往下谈。“狗是人类的朋友”,这是全世界爱狗人的共识,也是你女朋友与你理论的理论基础。这个信念,你无法动摇。狗狗是人类的朋友。人类的确可以跨种族甚至跨物种交朋友,人类有大爱,交友无大碍。按照孔子定下的“友直友谅友多闻”之“益友”标准,每晚都和你们同床共眠的这位毛茸茸的朋友,也算得上是友直友谅友多毛了。

因此,欲说服之,唯有顺水推舟,顺坡下驴,顺友遛狗。不妨按照以下思路循循善诱之:

一,狗狗是人类的朋友,虽然人类通常只会向朋友推介某家不孕不育医院而绝不会在未征得朋友及其亲人的同意下把自己的朋友强行胁至医院施行阉割手术而且为他支付全部费用;

二,狗狗肯定是人类的朋友,虽然人类一般都习惯于给朋友的新生婴儿送上大红包而不是把朋友的骨肉自作主张地馈赠亲友;

三,狗狗无疑是人类的朋友,虽然人类不会和自己的朋友晚晚都睡在同一张床上,还带着自己的爱人;就算三方面对此均无异议,但是这个朋友一般也不会在床上大掉其毛;

四,狗狗确实是人类的朋友,虽然人类都是把朋友的电话号码登记在手机里而不会在朋友的脖子上植入电子芯片,更不敢给自己的朋友定期注射狂犬疫苗;

五，狗狗当然是人类的朋友，虽然朋友会借用你家的洗手间而不是当你的面公然大小便；

六，狗狗绝对是人类的朋友，虽然你绝对不能代表人类；为人民服务！你是人民吗？！

对你来说，以上说辞纯属江湖救急，只是为了把你爱的女朋友和她爱的狗狗一起留住；对于爱狗人来说，却堪称强词夺理，狗嘴里吐不出象牙。一旦说服无效而她的最后通牒依然有效，你就只能转而说服你自己了，思路么，依然也有以下那么几条：

一，你是人人，它是狗狗，别和狗狗一般见识，更不要傻到和宠物去争宠。它就是一条狗，又不是她带进门来的拖油瓶。爱屋及乌你懂的吧，为什么就不能举一反三呢？再说，好歹她这也算是文明养狗；

二，你有意见，你觉得冤，可是你顾及过人狗狗的感受了么？它若能做人言，能码字，能看《环球时报》，说不定也会修书一封，将你骂个狗血喷头，说你和她的关系也“实在是太不正常了，拥抱、亲吻、对她说各种肉麻至极的话，但这些也就算了，最不可忍受的是，每天晚上，她还要带丫上床，让老子挤在他们中间，而且，狗日的还老掉毛！”；

三，再说掉毛这事，不过只发生在每年的换季时节，别说狗狗了，你女朋友，换季时也总得买个新衣服新鞋子或者换个新发型什么的吧？

还有，该狗狗之性别，你没说，但这很重要，很敏感。若是公的，也不枉你专门写这封信来；若是母的，你在眼开眼闭之余，更可以将计就计，反其道而行之，化被动为主动，一反常态，对狗狗表现出超乎寻常的激情，比她爱得更肉麻、更不正常，就像她要求你的那样，比爱她还爱。届时，就该轮到她去苦恼，该到她写信过来求解救了。人急悬梁，狗急跳墙。为了挽救你的爱情，至少为了对得起你好不容易找到的那一处物美价廉的房子，也就顾不上那么许多了。

正是：狗利爱情生死以，岂因掉毛避趋之？

肉包子打狗下。

生的伟大，熟的光荣

昨天晚上，刚过了三十五岁的生日，晚上唱K的时候，大家都起哄说，从今天起我就荣升为标准的“熟女”了。我知道，这个称号意味着幸福越来越无望，桃花也离我也越来越远。我也不是没有谈过恋爱，但每一次都以分手收场。能否赠我几句，就当做是给我的生日礼物？看在我把追捧这个专栏当成每周都准时去买《周末画报》的理由的分儿上……

这位怪熟熟，一回生，二回熟，三回大结局。既然都宿命地混成熟女了，就不要自怨自艾，而是擦干眼泪，勇敢地直面你那奔向大结局的人生。熟女怎么了？煮熟的鸭子还能飞走呢！何况你身子虽熟但羽翼却仍然贱在，你就不能再次起飞、再次飞走并且飞得更高飞得更远了么？

熟女的恋爱机会，确实比她在十六岁的花季以及二十六岁的旺季时要少得多，但即便是花季已逝旺季已过，也不一定意味着打折季的必然到来。机会少，主要是因为想和她谈恋爱的人在数量上要比当年偏低。正是因为数量上的稀少，直接导致了她在选择上的狭窄，反过来，又间接地导致她恋爱欲望的低落。贼心、贼胆俱在，四顾茫然，却不见贼人一个。

因此，熟女欲求桃花，首先在于如何增加想和她恋爱者的数量。也就是说，如何有效地为自己增加粉丝。这个，好在网络上就有各种各样现成的“增粉术”可资借鉴学习，比如“找准定位”——不是说也要把自己定位成“搞笑类”、“心理测试类”或“八卦娱乐类”——对于熟女来说，可以参照男人的“四十而不惑”，把自己的心态和姿态，双双牢牢锁定在“四十而不过”——“不过”有两种解释：一，姐永远都还没过三十，姐就是三十岁这个年龄的钉子户了，春夏秋冬，永不打折，最多也就偷偷摸摸地搞个限时的 VIP 内卖场；二，老娘撒开了，不过了！

调整定位的同时，心态养生上，也应该注意以下三个字，曰“忌生冷”。所谓“生”，就是不要再把自己当成情场生手了，找个月黑风高之夜，一咬牙，一跺脚，把住在你心里的那个小萝莉强制拆迁到爪哇国去，连人带房带家私细软，不留后患；所谓“冷”，即勿以年事已高而心灰意冷，宜始终保持旺盛的斗志，犬不言败，女不封“剩”，以内心的“热”，激发外表的“辣”。既然无可挽回地熟了，就要有个熟了的样子，她做她的小菜场，你开你的熟食店，切忌把自己弄成一锅半生不熟的夹生饭。

做好以上准备之后，剩下的，就要看你是不是能豁得出去了。说实在的，这几乎也就是熟女可以抗衡“生女”的唯一优势了。说得再实在一些，这个最大优势，其实正是在最大劣势之处原地满血复活而生，即以熟卖熟，以“剩”制胜，破罐子破摔。也就是说，和“生女”及已婚妇女们相比，熟女虽熟，剩女虽剩，却胜在死猪不怕开水烫，光脚的不怕穿鞋的，一双大无畏的光脚，好穿最新最美最潮的鞋；橘子熟了，好制最香最甜的陈皮。

是以，我一向无耻并且无奈地相信，熟女挽回败局的绝杀术，就是义无反顾、积极主动地去抢劫那些同龄已婚妇女窝藏在家里的现成老公。抢人家的现成老公，虽是二手，却以现货胜出。这就好比那些有家业的人，为了传承，个个都想生儿子，但三井集团的创始人三井高俊却说：宁生女儿也不要儿子，因为有了女儿，就可以挑选儿子。我想，三井君的意思是，自己生出来的儿子，日后有没有出息尤其是日后愿不愿意以及有没有能力来继承自己的遗产和遗志，就像自己找来的老公在婚后负不负责任以及会不会出轨那么不好说。而用自己已长成的女儿来挑别人家成熟的儿子，就像未婚熟女去抢别人家的老公，所要面对的，则都是成年的并且已经调教的成品了。正像红歌里唱到的那样："没有吃，没有穿，自有那敌人送上前；没有枪，没有炮，敌人给我们造！"

有道是，先胖不是胖，后胖压倒炕。来得早不如来得巧，谈个恋爱，抢个老公，哪个都不比哪个更累。唯有在那肉帛相见的短兵相接之中，熟女之优势，方能被发挥到淋漓尽致。化悲痛为力量，变被动为主动，转劣势为优势，招"逃"花为桃花。这，就是传说中的"杀熟"。

生的伟大，熟的光荣。

磨刀霍霍下。

如何把一根木头吻成一坨猪头

小女子有个困惑求解答，我不喜欢现任男友，但他家里人特别着急，我们俩才认识三个月就买房子装修张罗结婚了，但我确实不喜欢他，就连接吻时我都跟个木头似的一点也提不起兴趣来，但也不能说分手，因为我家里人不同意，年龄太大，没余地了。而我和前男友分手后还常有联系，我发现我还是喜欢前男友，但他似乎对我没感觉了，虽然还时常给我打电话约我出去什么的，也不知道他是什么意思，对我没感觉了还老约我给我打电话呢！同事们有时候也劝我说找一个爱你的比找一个你爱的要轻松得多，即使找一个你爱的，等结了婚都一样的柴米油盐酱醋茶，时间长了都是爱情化作亲情，恋爱时的激情都被平凡的日子给磨没了。有时我自己也在想，一闭眼就把婚结了算了，像我这年龄也很难找到一个有感觉的了，可是后来又一想，我也不能跟一个我没感觉不喜欢的人结婚啊！将来一辈子对着一个我不爱的人啊！真是纠结啊！求二位帮帮小女子，我该怎么办？跪谢。

这位小女子，关于有没有感觉这件事，对你来说，它是很具体、很切身的。比方说，没感觉，就是“接吻时我都跟个木头似的一点也提不起兴趣来”；有感觉，接吻时你就能从丹田里提起兴趣，从一根“木头”变成一坨“猪头”。这个我理解。不过从大处说，有没有感觉和“有没有搞错”一样，它太玄、太主观、太不稳定了。说有就有，说没有就没有。即使现在有，不代表以后也有；现在没有，不保证以后都没有。你可以凭感觉来决定要不要和一个人接吻，但不一定也要凭感觉来决定要不要和一个人结婚。毕竟，接吻也不是结婚的全部。

就现行婚姻制度而言，有感觉固然可嫁，没感觉也不是嫁不得。感觉只是婚姻的药引子而不是婚姻的目的。列祖列宗一向盲婚哑嫁，男女双方一概都没感觉的，照你的逻辑，炎黄子孙早就断子绝孙了。你当然不是生育机器，更不用肩负繁殖的使命，然而，只要你选择婚姻并认同婚姻，就有必要了解婚姻的本质，至少，应该懂得如何去摆正感觉和婚姻的关系。感觉可以嫁人，也能伤人。在这件事情上，我完全同意你同事们的宿命论观点，日子有功，凡是有感觉的，几乎无一例外地都会因千篇一律的家庭生活而变成没感觉的，除非你们有勇气有办法把“柴米油盐酱醋茶”逐项置换成“吃喝嫖赌饮荡吹”。我倒是没有“以刀剑杀人者必死于刀剑之下”的意思，不过现行婚姻制度就是这样一部可靠耐用的“感觉打磨机”。到那时，或午夜梦回，或风雪夜归，刷锅洗碗之时，放屁磨牙之际，你是宁愿去面对一个曾经是那么有感觉而今却如此没感觉的男人，还是甘心去接受一个曾经是那么没感觉并且至今仍是同样没感觉的男人，是眼睁睁地看着那一场烈火化作干柴，还是淡定地目送这一段干柴变成木头？忍受落差还是接受没差？要动乱还是要维稳？基本上就取决于你个人的价值取向、审美情趣以及财务和健康状况了。

丑话既然都说到这个份上了，我就撒开了说下去吧。若有感觉必然会沦落到没感觉，何不憧憬一下逆向操作的美好前景？我的意思是说，没感觉的两个人做了一处之后，为什么就不能一起寻找感觉呢？量变导致质变，多亲几回，指不定木头变木材，木材变木雕，木雕变木偶，木偶变木乃伊，木乃伊最后来个好莱坞式惊天大尸变，变成有血有肉有感觉的大活人。退一万步，感觉这东西，就算再难找，再难觅，可就是睡，也能硬生生以及活生生地给睡出来了吧？

让你心神不定并且心怀侥幸的，是你的前男友。你的基本判断是：你对他有感觉，但他对你似乎没有感觉——这件事，我们就不做深入探讨了。事关他对你有没有感觉，绝对以你有没有感觉为准。即便他对你有感觉，但是他并没有让你感觉到他对你有感觉，那也就只能认定为他对你没感觉了。这事，就和“限娱令”之后娱乐节目之认定标准一样，即一个节目是不是娱乐节目，电视台说了不算，广电总局说你是，你就是，说你不是，你就不是。至于“对我没感觉了还老约我给我打电话呢”这种话说得也太失水准了吧！打个电话怎么了？谁没手？谁手里没电话？谁的手不贱？谁的心不虚？谁的脑不残？每天给我打电话的人也很多，其中大部分也是异性，虽然都带福建口音但个别来电者的声音别说还挺有想象空间的，她们也总是热情地约我出去谈谈，建议我买游艇买豪宅买保险买高尔夫会籍以及办理加拿大全家移民什么的，难道你觉得我应该倾向于相信她们都是对我有感觉的么？

除了不能让前男友成为干扰因素，还要充分考虑到现男友及其亲友之诚意。既然有人哭着喊着带着房子要娶你，我给你的建议虽然不是“有感觉要嫁，没感觉创造感觉也要嫁”，但是，如果

“曾经有一份真挚的感情放在我面前，我没有珍惜，等我失去后才后悔莫及。人世间最痛苦的事莫过于此”这段台词曾经也让你很有过感觉的话，那么，曾经有一份真挚的感情外加一套全装修的房子放在你面前，你因为没有感觉而没有珍惜，就很有可能会成为你在人世间最痛苦的感觉。

各种找感觉下。

阿姆斯特丹红灯区相亲记

前不久，和一大群朋友去旅行，其中有一个人是我心仪的对象，不过我还没有对他表示过，也不知道对方是不是对我也有意思。旅行超级愉快，我打算回到杭州就要向他表白下心意，这年头，女人也要主动了。但是最后一站在阿姆斯特丹，晚上大家去逛了红灯区，排队看过小酒馆的表演后，大家都表示要回酒店睡觉了。唯有他，突然表示要再加个私人节目，于是就找橱窗女郎谈定价格，去看个人秀了。我站在门口，看到女郎笑吟吟地挑逗着他。第二天大家起哄问他昨夜看秀还有没有进一步动作，他一笑了之避而不谈。突然就对此人有了各种想法，原来也是个好色之徒。但又想起他的种种好，我还该不该向他暗示自己的心意呢？百般纠结中。盼复。

这位暗恋姐，你的故事让我深深地觉得，与其问“该不该向一个好色之徒暗示自己的心意”，不如改问“该不该向一个只好别人的色而不一定好你的色或者好别的色也好你的色的男人表白自己的爱意”来得较为恰当。

对你来说，一个“好色之徒”意味着同等的机遇和风险同在以及并重。先说机遇：当你向他暗示，说时迟，那时快，他可能会二话不说就正面且高调地回应之。一个不小心，也可能用不着等到从阿姆斯特丹回到杭州了，在你们回国的飞机上，他就先忍不住主动对你开口了。再说风险：你们相好或结婚之后，不排除他会在外面偷鸡摸狗的可能，拈花惹草，包二奶，搞小三，家里家外，鸡犬不宁。一个不小心，也可能用不着等到结婚，在你们去买婚房的当天，他就锁定了一个当晚的开房对象。

很显然，在“原来他也是个好色之徒”这一前提条件下，你要不要向他表白，机遇和风险互相抵消，五五波。剩下的，全部都要凭运气、拼人品了。但无论如何，你都要清醒地认识到，你眼中的“好色”和“他的种种好”，这些优良或低劣的品质，搁在他自己的身上，乃是高度统一并且浑然一体的品质，他的“种种的好”，当然也包括他的“好色”。

以上就是基于你对他“好色”的基本判断所做出的风险评估，本来，说到这里我也应该下场了，不过版面上看起来还有些篇幅，所以就多说两句，与你深入地讨论一下“好色”这件事。

一个外国人，远渡重洋不远万里来到阿姆斯特丹，光顾了一下当地名震全球的红灯区，这种事，在我看来属于最基本的旅游观光活动，更不违法。就像一个外地游客，到北京前门的“刘老根大舞台”去看了一场赵本山和小沈阳，到上海南京路“杜莎夫人蜡像馆”去看了谢霆锋夫妇并且与之合影，到杭州北山路岳王庙去看了秦桧伉俪并且对其吐痰——看什么和不看什么，玩什么以及不玩什么，最多也就是个品味问题，还上升不到人品。再说，红灯区你们都去了，可你们都是 window shopping，只有他一个人 shopping 了 window，就消费而言，谁比谁更能称得上是一个受欢迎的游客？这个就更是见仁见智以及贱人贱智了。

就算他的确是 shopping 了红灯区的 window，但是在看秀之余“还有没有进一步动作”，即在“你是不是要对一个嫖客表达你的爱意”一事之上，毕竟你也没有掌握到确凿之证据。既然他笑而不语，事情就有三种可能：一，他干了；二，他没干；三，他想干但人家没让他干——第三种情况需要略作解释：据说，自从阿姆斯特丹的橱窗女郎被俄罗斯黑帮控制之后，来自东欧的性工作者被逼掐着秒表跑量接客。中国游客尤其是秋冬季节的中国男性游客，因在“进一步动作”之前后要比别国顾客多出了穿、脱棉毛裤的多余动作而比较耗时，故已被列入不往来客户的黑名单了。

貌似跑题了喔。说到底，那一晚他究竟有没有采取进一步的行动，这个其实并不重要。重要的是，不管他的行动是发乎冲动而止于初动、连动还是大动，我都强烈建议你在回到杭州后不要对他采取进一步的行动。你也不想想,既然他能当着你的面公然脱团，悍然看秀，并且对你们的审问保持 smilence 的态度，以上这一切，均明白无误地表明:他对你完全没感觉，完全没有考虑过你的感受，就当你是一普通朋友，他的所作所为，都跟你没有半毛钱的关系。就算你把自己全裸地关杭州名店街上的某个橱窗里狂笑着挑逗他，他除了掏出手机一通狂拍，大概也不会对你产生半分钱的感觉。否则，他多多少少都会因顾及你的感受而收敛自己的行为。他会贴心地携你去买郁金香、买奶粉，阳光地陪你去看大风车、乘游艇，优雅地带你去看凡高、看伦勃朗，心甘情愿地让墙壁上一只耳朵的凡高神经兮兮地挑逗他。

在这种单相思的暗恋阶段，他的行为和你的感受，也只能是悲催地 Go Dutch 了。事实上，我觉得与其把“该不该向一个好色之徒暗示自己的心意”改成“该不该向一个只好别人的色而不一定好你的色或者好别的色也好你的色的男人表白自己的爱意”，还真不如最终修订为“该不该向一个对自己完全没感觉的男人表白自己的爱意”来得更为得体，更为实事求是。

提棉毛裤下。

睡睡平安

沈爷好，我是在读了您的《痴男怨女问沈爷》之后，鼓起勇气写了这封信。我不是痴男，亦非怨女，但仍有红尘迷津望您指点一二。喜欢某人，但他明确不会和我交往，却愿意发生性关系。我的问题是：到底是睡还是不睡？如果不睡，他会不会含恨而去？如果睡了，还要不要再睡？如果再睡，他会不会对我负责？

希望您能在百忙之中抽出一小会儿时间解答我的疑问。祝安好。

这位不痴男非怨女，我就算不该问您是人是鬼，但您至少也得让我知道您究竟是男是女吧？单凭您来信中的那一个“他”字，也无助于我确定您之为“她”或者您之是“他”。话说，我小时候看《红楼梦》时，一直都不明白书里面那些“他”和“他”为什么一见面就猴急着亲嘴摸屁股。也罢，为了行文方便，权且就当您是女的，“他”是男的罢了——好在您没整出个“它”来。

“明确不会和你交往，却愿意发生性关系”——这个、这个、这个嘛，这个谁不愿意呢？那可是太愿意了，简直是愿意到不能再愿意了。别说是“他”，就连老夫我也愿意。我的意思是说，如果可以由着性子来，普天之下各国各地区各民族的成年男性，没有半个会对此表示异议的。别说是男人，就连非洲的雄狮和广州的公猪，闻此也必定会狂举前爪表示欣然赞同。再说了，对“他们”和“它们”来说，睡就是交往，交往就是睡，有差么？

因此，在这件事情上，“他”和“它”都没问题，有问题的，是您，是“她”。

您有三个问题，先讲第一个：“到底是睡还是不睡？”

这个，本来并不应该成为一个问题以及第一个问题，但鉴于你还有一个社会性很高的前提条件，即“交往”和“负责”，而“睡”和“交往”之间的因果关系一旦产生，“睡”的纯洁性和“交往”的不纯洁性，也就不能不因此而双双大打折扣了。

他，不交往，不负责，只负责睡；您，想睡，更想交往，最想的，就是通过睡来达到“交往”——对您来说，这无非就是一种负责的、稳定的、基本合法的关系以及结婚、成家和生儿育女等等之目的。这个，作为一种手段和策略，原本无可厚非，本质上，它和看似反其道而行之的通过“交往”来达到“睡”的男性惯用伎俩，其实并无区别。再说了，如果您没有被他睡过，他就不可能产生责任感，您就更不可能知道他究竟会不会对您负责了——您的那个男人，总不见得只要让他瞄上您一眼，汹涌澎湃的责任感就立时上脑了吧？因此，这方面，也自有您的道理，暂且按下不表，先绕过去答您的第二问：“如果睡了，还要不要再睡？”

本来我想说的是：与其这么问，您还真不如去问“如果吃了还要不要再吃”，或者“如果吃了上顿还要不要吃下顿”。不过转念一想，您的担心可能出自两个方面：一，如果一觉还不足以睡出他的责任感，那么是不是让他再睡一次？责任不负，睡觉不止；

二，如果睡了一觉还没能把他的责任感给睡出来，那么是不是就应当果断地罢床，绝不要让他再睡（再占便宜）了？

正所谓八大受损，一个对策。对于您的两种担心，我也可以极其负责任地给予一个回答：量变引起质变这一伟大的辩证法原则，尽管也能放之于四海之睡觉这件事而皆准，不过遗憾的是，对于绝大多数身心健康的男性而言，睡的力量乃是随着睡的数量的增长而产生"衰"之质变的，尤其是在当被"睡"的对象保持不变的情况下。其衰变之速度之明显，虽不至于一鼓作气再而衰三而竭，但是"婚姻是爱情的坟墓"这一和辩证法同样伟大的学说，显然也是建立在以上这一块永久性公共墓地之上的。对于"他"以及"他们"而言，只有睡，没有再睡。再睡，就是瞌睡了。

因此，您在这方面的任何憧憬或者担忧，大体上都纯属杞人忧天，非诚自扰。什么？是你在说什么"一夜夫妻百日恩"么？算了吧，那个必须以"夫妻"为前提，指的是那种交往过的、领过证的、先交后性的。像您这种先性后交的一夜露水夫妻，百日恩就别奢望了，百日咳倒有得您受。

即便是您在睡觉一事上表现格外出众，比他这辈子睡过的其他女人都表现得分外能睡、善睡甚至嗜睡，最终深深地打动了他，征服了他，睡颓了他，不过，这种生睡出来的交往，硬睡出来的责任，其所能达到的最佳也是最为司空见惯的结果，正如您所常见，也只能是在又一个同样司空见惯的夜晚，你们俩在一起再一次安详淡定地洗洗睡了，一夜无话。这还是那些幸福家庭的"相似"之处，而所谓"各有各的不幸"，则不是"他洗洗，您睡了"就是"您洗洗，他睡了"。

情况就是这样一个情况了，睡就是睡，交往就是交往，不要混为一谈。他只想睡，不想交往——如果碰巧您也这样想，那么睡就睡了，睡好了再睡，睡不好瞎睡，反正睡不死人；您只想交往，但不想睡觉，那么就让他立马滚蛋，连“恨”也来不及“含”。这些个，还都好办，最不好办的，就是您的妄图通过“睡”来达到“交往”以及让他对您油然产生责任感的目的之想法。其实，放眼未来，能睡您以及您能睡的人，一定还会后继有人并且大有人在，但能对您负责并且负上全责的，永远都只有作为机动车的您自己。

您说得对，您不痴，亦非怨，您只是呆。与“百忙之中抽出一小会儿时间来解答您的疑问”相比，我其实更想在百忙之中抽您一小会儿。

按额抚股下。

得小三如斯，夫复何求？

两岁的孩子，似乎正在成为我和太太之间的第三者了。这两年来，我们已取消了五次以上的出国旅行计划，最近的一次还是巴厘岛，酒店都订好了，直到临行前夜，终因觉得带孩子实在太不方便而被迫取消。请问沈爷，有了孩子之后怎么还能享受二人世界？

这位被插足哥，你要办法？有有有，大大地有！你且听好了：第一，你们大可以把孩子扔给父母，孩子若不愿，就把父母扔给孩子；第二，你们也可以把孩子扔给保姆，保姆倘不从，就把保姆扔给另一个保姆或者楼下的保安——再或者，直接把孩子扔掉也成啊。舍不得孩子套不着狼，更换不回失去的二人世界。

如果以上各项你们都办不到或舍不得（钱或孩子），同时又渴望能在有孩之后仍可继续享受无孩之前的那种二人世界，这个嘛，只好乞灵于无上心法了，也就是说，取决于你们如何看待这个孩子。

孩子！这个无条件地瓜分你们的时间和空间，没商量地掠夺你们精力和财力以及体力和注意力的人，对于你们的二人世界来说，的确是个不折不扣的第三者，没有似乎。他的行为，之所以会表现得如此地没商量以及如此地无条件，全都是因为你夫妇二人在决定把他引进你们的二人世界的那个月圆之夜的那个决定性瞬间，对当事人之一的他来说，同样也是无条件以及没商量。而且，这还是你们无条件以及没商量在先，实在怨不得对方。对于这个现实，必须无条件以及没商量地接受。

再说了，毕竟，人家也是你们在充分享受了二人世界之极乐之后的结果呀，过河拆桥这种事，要不得，想也不要想。

这个第三者既然无计摆脱，你们能做的，也就是带上他一起玩了。一般来说，第三者的出现，通常都会给那个相对平静而封闭的二人世界带来强烈的刺激，有些人为了寻求这种刺激，或玩3P，或搞换妻，甘冒道德、法律和健康之风险，在保全原有的二人世界的前提下，求的无非也就是个人多、热闹。相比之下，闯入你家里以及翻滚在你们床上的那一个肉乎乎、傻乎乎、在学会走路之前就学会了插足的小小第三者，其肉也嫩、其笑也甜、其嘴也严，带上这个萌物一起，共同享受更刺激更热闹的二人世界，既道德、又安全，这样的欢乐，不亦乐乎？如斯的小三，夫复何求？

都说婚姻是爱情的坟墓，那种贼兮兮的小三，都是来盗墓的，不可不防；但是，这个肉乎乎的小三，他可是带着鲜花和猪头来上坟的啊，对于像你们这种被埋在婚姻这种“二人坟墓”里的两口子来说，奋不顾身地跳将出来给予欢迎欢迎热烈欢迎还来不及呢对吧？

看开些吧。所谓“二人世界”，无非文字上的一种修辞手段，偏文学化，偏浪漫主义。一旦到了填写各种表格时，一模一样的情况，它就会变格为像“已婚”、“无孩”这样冰冷的、寂寞的甚至某种程度上令人沮丧的字眼了。想想看，一个上演“二人转”的场子里如果连一个观众都没有的话，那不就成“二逼转”了么?

卖萌下。

动什么别动感情？

那天晚上，我和男朋友一起看《Love》，男朋友看了好感动啊，他突然把我搂在我怀里说，“真的很感恩，找到一个又好又喜欢的女人。”我当时吓到了，这个片子感动个毛啊，俩女人都老了。晚上关灯后，我想了很久，其实我也不是不能感动，只是一感动我就心里发紧，防御机制启动。我今年二十八岁，从来都是我甩男人，但只被一个人拒绝过，好像就是那次之后，我就有点吃不消了。老是提醒自己，不能感动，尤其是不能被这样的小兽打动。感动这件事情，以后难道我要学会演戏了吗？

这位“反动”姐，那一夜，你和男朋友一起看的那个神马《Love》，我没看过，就像我真的没看那些夜你和你男朋友一起 make 过的 love 一样。而且，考虑到广大围观的读者之中，应该也有一部分人没有看过或还没看过，因此，我们的讨论，就不围绕剧情展开了。为了便于行文，同时也为了防止让本文变成一则影评，请恕我自作主张，把这个电影或电视剧的剧情和主题粗暴地概括为“一部俩女人都老了还感动个毛啊的爱情片”。

你的问题，并非关乎某一影片，而是具有更宏大、更深远、更辽阔并且更通俗的背景——关于“感动”，关于爱情。这一款多么陈旧的游戏，又是一首何其古老的歌谣啊！歌中唱到、翻来覆去地唱到：爱情是一口井，所谓恋爱，无非就是有那么俩人，一前一后，绕着井边不停地转圈，追逐。不是看到最后谁追上了谁以及谁被谁追上，而是看谁先“失足”掉进井里。

在听到那声悲壮的“扑通”之前，让我们跳出隐喻，打开天窗说亮话吧。所谓“掉进去”，无非就是谁先“陷进去”、谁先“感动”，谁先发现自己爱对方比对方爱自己更甚。以上状况一旦发生，谁就算输了。输掉的，乃是在关系中的主动权、话事权，当然，也包括日后的“先甩权”。因此，你“老是提醒自己，不能感动”，怕的就是失足在先，落井在前。再考虑到自己也曾被人拒绝过，尽管只是一人一次，却自视为奇耻大辱，遂卧薪尝胆，如履薄冰，下定决心，打死也不感动，坚定不移、矢志不渝地反“动”到底。

这尽管不失为一种策略，不过我担心的是，你看起来正在过分沉迷于策略本身而逐渐遗忘了根本，过分追求战术细节而迷失了战略目标。恋爱是一款系统自动设定为必须有二人（或至少二人）参与的互动游戏，从不接受单个玩家。他感了，你就得动上一动；他动了，你也得感上一感。如果他感他的，你动你的，或者他动他的，你感你的，还没有全情投入，就积极考虑着全身而退，这种玩法，非但不是游戏的初衷，恋爱也因此失去了题中应有之意而变得索然无味。尽管《Love》我没看过，但中央电视台的“感动中国”我是看过的，那意思，就是中国和中国人之间的互相感动，若只有“中国人”单方面地一个劲地瞎感动，而“中国”却巍然屹立着坚持不为所动（反之亦然），那可就相当地不好玩了。

你的恋爱观，要痛下决心做出整改了。其实，在你“落井”之后，面临的情况无非以下三种：一，他“下石”了；二，他独自在井边撒欢；三，他也奋不顾身地跳将进来——当然，这得视那口井的深度与广度而定。遭遇哪种，只能碰运气了。但无论如何，玩得起，也输得起，愿赌服输，这才是健康的心态。你实在不必演戏。

回到那一夜。你男友之言行，表明他很可能已先你一步下井了。作为游戏的赢家，很应该和他互动一下，对他是奖励，对关系更是促进。如果你继续无视并浪费此类契机，下一次，被你鄙视的这头“小兽”说不定就会突变为巨兽，还是史前的那种，当他再次于电视机前“突然把你搂在怀里”并做出“真的很感恩，找到一个又好又喜欢的女人”之表白时，他正在看的，很可能就是一部A片了。

挖井下。

一个不想上位的小三不是好小三

我有一份正经的工作，收入还不错，也很自由。嗯，还有一个固定性伙伴和好朋友，当然了他是有妇之夫，事业有成。我的女朋友都有比我精彩的世界，好几个男朋友，对我这样拴在一棵明明不靠谱的树上的行为嗤之以鼻，不停地要求我不要浪费了自己。其实我也知道人家家庭稳定，一点都没有破坏的意思，满足于这样每天打个电话，每周吃个饭喝个酒，每月来个一日游，每年来次一周游的状态。但不是说了不要浪费么？

可是见到的男人真不像样啊！一个么见面就开始显摆自己有几套房子，还打算置业如何如何；一个么喝了一杯就开始精虫上脑，动手动脚；一个么打扮很有情调，带我去吃饭，结果不懂地方不懂点菜不懂点酒；最惨的莫过于见了下前男友，对方虽然说了许多情话，但我总觉得他是要证明自己是不是还有魅力……这叫我情何以堪啊，难道要把一个好端端女子逼上梁山，真的去做个彪悍的小三么？

这位十三点，您不小三，您是个十三。让大家伙都瞧瞧，让大家伙给评评理，您这算是哪门子小三？真是天晓得。吹吧您就，连标准的小三也不是，还什么“彪悍”？笔误了吧，您本来想写的，应该是“飙汗”才对吧？

让我代表大家来向您揭示这两者的区别吧。假小三：“知道人家家庭稳定，一点都没有破坏的意思。”真小三（无需彪悍，平庸就行）：“知道人家家庭稳定，但自己搞破坏的信念和行动更为坚定。”假小三：“满足于这样每天打个电话，每周吃个饭喝个酒，每月来个一日游，每年来次一周游的状态。”真小三：“勉强满足于每天打一场妖精架，每月来个一周游，每年来次周游全球的状态。”

小三如果也分三种，您，充其量也就是一个二逼小三。您的“三”，不够纯净，它还带着一连串没割干净的数字尾巴，顶多也就是个以3开头的“派”，还是小数点后5万亿位数的。而你目前的状态，也基本上与鲁迅先生生前对中国历史的概括相似，即介乎于“想做小三而不得”和“暂时做稳了小三”这两者之间。

因为您交往的别的男人的各种不靠谱——多房显摆男、精虫上脑男、情调男以及前男友，等等，彼等若真的像您控诉的那样，让您大呼“情何以堪”而不得不“逼上梁山”，那么，入了您的法眼的这坨有妇之夫，想必应该是有房子但不显摆，欲置业而不声张（反正在既有和将有的那一叠房产证上也找不到您的芳名），不但千杯不醉就算醉了也没有一粒精虫可以上脑、不动手也不动脚（每月一日游每年一周游这样超低的频率，过度地闲置难免导致技艺的荒废），懂挑吃饭的地方懂点菜更懂配酒（因为一起喝酒吃饭的频率太低，每月一小宴，每年一大宴，挑选的空间不大才怪），完全不需要证明自己有魅力（反正是吃定你了）——无论如何，既然您确定这个集上述优点为一身的男人就是您要的以及非要不可的，那么，您就给我猛扑上吧！去吧，去无情地破坏他的家庭吧！去吧，去冷酷地把他抢到手吧！哪怕碰得头破血流，身败名裂，也要义无反顾，在所不辞。这是真刀真枪的浴血奋战，绝不是什么每天打个电话以及什么一周游、一月游的苟且偷安。

不要怀疑，您确实已把自己“拴在一棵明明不靠谱的树上”了。您要明白的是，拴在树上，只是手段，目的，是为了成功嫁接到这棵树上，成为树的不可分割的一部分，最终合体。如果只求拴着而晃荡着不思进取，结果一定是在这棵树上吊死。对于您的行为，嗤之以鼻是不足以表示鄙视的，必须嗤之以肛门。

别说您不想嫁人，如果真的不想，就不会对那些男人挑三拣四的了。大好年华，虚度也罢，但您始终都要明确自己的目的：终极目标，就是尽快上位，麻溜扶正。坐“三”是为了“望一”、“进一”以及“归一”，千万别搞成“一坐一忘”了。

一个不想上位的小三不是好小三。

怒目下。

如何对现任隐瞒自己的情史？

过了一段放荡不羁的生活。刚结束一段不堪回忆的感情，干脆就放肆地变身了一下小野猫，白天努力工作，晚上努力玩乐。喝到软绵绵，总也有过一个吻，一个拥抱，一夜风骚。

最近决定回归正常生活轨迹了，当然主要的动因是有了新男朋友，所谓忘记失恋痛苦最简单的办法就是开始一段新恋情，再对也没有了。新男朋友高大英俊，而且非常正经规矩，还很有情调，简直是掘到宝了。

但是总有不如意。比如上周，两人说好去凯悦吃香槟早午餐，却在咖啡厅尴尬地碰到了某个一夜情对象A男，关键是对方还很不识趣地过来表达想念之类的，眼神和肢体动作都有点过分亲密。我的男朋友也感觉到了。问题是，这是个那么小的城市，我碰上一次，很快就在西湖边碰到了B男，之后，在湖边著名酒吧也碰到过C男。

现在怎么办？我决心要努力发展这段感情，那么要不要走坦白从宽的道路呢？

这位小野猫，在你那出场人物众多、场合转换频繁的活色生香的文字里，我打捞了半天，好不容易才捞出了沉底的干货，擦干后再一打量，切，这不还是“如何才能对现任男 / 女友隐瞒自己过去的情史”那一坨干巴巴的老问题么？

你的前男友们之所以常常不合时宜地出现在你和现男友的视线里，这个，和你居住城市之体量大小和人口多寡，并无直接关系。拉不出屎不要怪茅坑。《绝望的主妇》看过没？那小镇，大不过孤山，更大不过万象城吧？人家一个个的还不是该干嘛干嘛，玩得好好的么？

问题出在你自己身上。你选男人的标准，未免也过于独沽一味了。尽管你没说他们的类型，但据来信所述，其实不难归纳为“喜欢和你绕着西湖混”的同一种类型。A 男 B 男 C 男，都是“湖畔派”的。你这是自投罗网还自带干粮，怨不得别人。杭州之大，你就不能换个不爱混西湖只爱逛萧山的男朋友么？不要吃凯悦香槟早午餐、只想喝着黄酒吃“小本鸡”的杭州男人都死绝了么？没事老在景区里转悠，丫们以为自己是许仙么？

出来行，虽说迟早是要还的，但没人说过出来行就非得在西湖边上招摇地“行”个没完没了啊！看得出来，你“要努力发展这段感情”的决心是坚定的，既然确信这次真是“掘到宝了”，那还不快把你的野猫范儿改成家猫范儿？至少，也该有个“掘到宝了”之后的低调暗爽的样子吧。树挪死，人挪活。你得改阵地战为运动战，打一枪换一个地方，暴露的风险自然就会下降。若不降下你高涨的艳帜，不洗掉你满身的风尘，继续在湖边瞎混，别说总能遇到前男友，迟早，法海都有得你碰，那个机会，要远远大于碰到慈祥的陆琪老师——端午节快到了，别说我没提醒你。

其实，人之所以会起“如何才能对现任男 / 女友隐瞒自己过去的情史”这种念头，无非是想在交往的过程中提高自己的博弈实力、价码和主导权。本质上，跟新婚之夜以鲜血来证明自己是处女之身的古老习俗无异。若你确信这男人会很介意你的情史,那么，我也有理由相信他一定也会介意你的性史，婚后甚至还有可能介意你们孩子的孕育史。一想到《黑镜子》的第三部，就不由得要替你捏一把冷汗。

这种事，一味靠瞒是不管用的，你的前男友们毕竟不是微博上的粉丝，可以拉黑、屏蔽甚至关闭评论。但是，往好的方面看，老情人多，证明你竞争力强。能“白天努力工作，晚上努力玩乐”，那是因为你身体好；能“总也有过一个吻，一个拥抱，一夜风骚”，那是因为你身材好。情场上，一向都是身体为王，实力话事，不管软的硬的。恕我打个不太恰当的比方，即便在那万恶的旧社会，靠着自己的实力，就算是专业的性工作者，也有嫁人从良的机会。

坦白从严，抗拒更严。与其躲闪，不如面对。此男若如此介意你的情史，那就把他也果断载入你的情史。

圆场下。

如果没有老公

最近的闺密聚会，探讨的话题是，如果没有老公，会如何如何。可怕的是，所有人的答案居然都是很好很好！我们不需要他们干苦力了，出钱就能要到各种服务；我们不需要他们的钱，自己赚的足够了。除了提供合法精子之外，他们好像真的一无是处了。而这样的聚会几次三番之后，真的有人付诸实际。我也有点蠢蠢欲动了。你觉得她们的说法对吗？

这位蠢动人妻，开了会，发了言，讨论了，受鼓舞了，有想法了，蠢蠢了，欲动了——这都很正常。毕竟，现在已经是春天了嘛，惊蛰也早就过了。

关于没有老公的种种好处，你的闺密们在聚会上已经做出了高屋建瓴的总结，相当全面，极其到位。更为喜人的是，部分与会的闺密已经积极主动地贯彻会议精神，真抓实干，将“没有老公”付诸实际。作为一个和你们一样不想要老公的人，我在因未能受邀以一名会务人员的身份列席会议而深表遗憾的同时，只能热烈地遥祝你们胜利的聚会！团结紧张的聚会！严肃活泼的聚会！

几次三番的聚议期间，你们高举了“以经济工作为重心”的旗帜，敏锐地抓住了一夫一妻以及一夫多妻制根本性弊端的主要矛盾，做出了“我们不需要他们的钱，自己赚的足够了”的重要决议。虽然未能解决长期悬而未决的“三公消费”问题，却建设性地提出了“消费老公”这一伟大的命题：没有买卖，就没有杀戮；有了买卖，就无需老公。

值此聚会胜利闭幕之际，鄙人特地发去以下贺电，以期为你们在起草会议公报时提供更多的论据，并且夯实你们在聚会上形成的各种精彩观点。贺电的大标题是：关于没老公的种种好处的若干决议的补充说明；副标题是：这还不完全都是钱的问题。电文如下：

床上没有老公，并不表示身上就没有精子；没有合法的精子，并不表示没有合法的卵子；只要有了精子和卵子，就一定会有合法的孩子；

没有老公，就有了自由；穿什么不穿什么，买什么不买什么，吃什么不吃什么；出个门，出回国，上个厕所下趟楼，都只有“因私”而永远无须因“公”；

没有老公，就没有婆婆（可能会虐待你），没有老公，就没有公公（没准会非礼你）；

没有丈夫，就没有未婚夫（或许会伤害你），没有前夫（有机会勒索你），也没有亡夫（说不定吓着你），当然，更没有奸夫（也许会爽到你）；

没有老公，就没有了家里家外、床上床下各种繁忙的“公务”，屏蔽掉你不得不硬着头皮去了解和学习的有的没的“公知”，也免除了每个月都要厚着脸皮催交“公款”的麻烦；

没有老公，你就可以在生前死后都得以完整保留自己的姓名，不再有可能被冠上夫姓，从而彻底杜绝了让自家好端端的芳名读起来疑似一个古里古怪的日本人的潜在危机。

其实，你和你的闺密们还漏掉了“如果没有老公”的一个最大的好处，那就是，如果没有老公，就随时都可以让自己有一个老公。而只有在给自己找到一个老公之后，才会发现老公的各种残废以及各种没用。

最后，让我们一起来高呼口号：

“前公尽弃！天下为公！”

蠢蠢大动下。

绿帽不怕戴，只要摘得快

和女朋友长达五年的爱情长跑，看来也该到终点了。结婚，家里人催，她也催，她父母也催。可不是我不想，相处三年，各方面都很融洽，但对她，深爱的同时，更多的还是不放心。她长得太出挑，是一家奢侈品公司的，善于交际，性格开朗，外面朋友多，男的居多，没结婚也就算了，一旦结了，万一她给我弄顶绿帽子戴戴，都在一个圈子里混的，到时就真不知道该怎么做人了。一起打网球的球友建议，不妨找个男的来考验她一下，还介绍了一家专门做这方面业务的私家侦探。我当然知道，背着她去做这种事很不好，但为了让我放心，我这也是出于善意。是不是只有这个下策了呢？纠结中。

这位仁兄，把您的现女友迎娶进门，会不会同时也娶进了一顶绿帽？当她的红色盖头一经揭开，半空中会不会也会有一顶碧绿生青的帽子，同步地、悄无声息地升起在您的头上？说实话，这种事，就像她当初为什么会成为您的女友以及后来又为什么会变成您老婆一样，都是天晓得。每个已婚男人的头顶上，漫天飘舞着的绿帽子从来都是遮天蔽日，但是不是都有机会落到他们的头上，那还是得看缘分。

世上的绿帽，款式有一万种，面料有一千种，戴法有一百种，摘法也有十种，但是，“确保不让自己戴上之法”，却一种也没有。

人心隔肚皮。肚皮之外，尤隔着各种厚薄不一的内衣和外衣，故而“戴帽”之心不可有，但“防戴”之心却不可无。然而此处所言之“防”，也只能是预防，消极的，日本自卫队风格的。您只能在婚前的恋爱阶段根据对双方交往状况的分析来研判自己在婚后是否戴得上绿帽之几率。很显然,这个功课您做了,也得出了“高危”的结论了。对此，我不予置评也不能置评，但是这并不妨碍我仍然坚信，这一切，都不足以成为您“恐婚”的依据。前面说了，人心隔肚皮，此处需要再次提醒您的是，既然人心都是肉做的，那么，这世上只要是肉做的东西，您自己算算，从人心到狼心，从鸡心到鸭心，从肥肉到瘦肉，从腊肉到酱肉，从肉片到肉丝，从涮肉到烤肉，从冻肉到鲜肉，又有哪一种、哪一款能称得上是绝对靠谱的放心肉呢?

如何才能确保不戴绿帽？无非是能够掌握看穿人心之超能力。两千五百多年前，庄子就甚惆怅地曰过：“中国之君子，明乎礼义而陋于知人心。”意思是说，中国的男人，讲文明，有礼貌，却衰在不懂得如何去看破别人的心。而传说中的“他心通”大法，据说四禅八定得修上十遍，还未必修得成。此法此生修不成，也成，你可以改修另一门相对比较容易修成的课业，即不求看穿，亦不求通灵，而是如何去理解人心。只有充分理解了人心，方能尽情享受人肉，并且勇于直面任何颜色的帽子。在我看来，任何人，就算是生得再不出挑，行业再不奢侈，品性再木讷，心理再阴暗，外面朋友再稀缺（有也都是同性）——总之，方方面面，哪怕和你女朋友完全背道而驰，一旦和你（或任何男人）成亲，她带进门来的成套嫁妆里，必定都包括一顶给为你量头定做的绿帽子。尽管这属于嫁妆的标准配置，但这并不是她的错，也不是你的错，制作那顶帽子并且把它一概染成绿色的，是人心、人性和婚姻制度本身。

您的心情，我的明白。同为男人，深知命苦。人皆谓男人毕生之喜忧皆自下半身起，却不知一腰之隔，下半身之上，吾等尚饱受着上半身的“压顶”之痛，即两大“顶上”之忧：官人版的，一是官帽，二是绿帽；屌丝版的，一是秃顶，二也是绿帽。正是这顶帽子的“苦大”,一举泯灭了男人之间的阶级“仇深”。也就是说，这种恨，绝非您所独享;这种事，就连公家侦探都从来没有搞定过，遑论什么私家侦探！您所言“考验”之事，万万使不得！尽管在真刀真枪的“肉试”之下，忠奸往往得以立判，很难有错杀好人的，但是，此事的风险也极高——这里所说的风险，不是她的，主要还是您的。什么叫“赔了夫人又折兵”？什么又叫“偷鸡不成蚀把米”？

您说自己是出于“善意”，可在我看来，人类的所谓制度，所谓文明，无非尽最大的人事来减少接受这种残酷的道德“肉试”的机会。时势造英雄，时势也造小人。就产量而言，占据压倒性多数的显然始终是后者。因此，我能想到最大的“善”，就是尽一切可能来避免这种“时势”的出现。假使不能认定为这就是尘世间最大的善，至少也不是人为地制造出更多的考验和更多的“时势”。人能尽的最有诚意、最本分的人事，就是不能担保人人都是佳人，最低限度也要让我们个个都做不成贼。

当然，欲彻底杜绝戴绿帽的风险，办法也不是没有，第一，设法让世上的男人除你之外都特么死绝了；第二，设法让她打死也不改变自己的性取向。如果您觉得这两项的可操作性都不高，那么，你还有最后一个选项：永远也不要结婚，一直都在恋爱。尽管恋爱也会遭遇劈腿，但所幸您头上的那顶帽子并非全绿，只是略带一抹绿意而已，更好在那帽子并非礼帽，更不是钢盔，只是更轻便、更 casual 的一顶棒球帽而已，摘脱随意，来去自由。

“帽儿光光，今夜做个新郎。”——那光光之帽儿，您道是甚？那不是别的，就是传说中的绿帽。至于是让这顶坑爹的帽子永远都压在箱底，还是让它一直都如影随形地悬浮在您的头顶，这个，就得讲管理、碰运气以及拼人品了。退一万步讲，就算那半空中的帽子万一不偏不倚地真扣在您头上了，那又如何？会死么？一顶帽子而已，又不是孙悟空的头箍。既然能戴上，就总有办法摘下。有道是，绿帽不怕戴，只要摘得快。当然，她要是一而再、再而三地给你戴绿帽子，都玩出帽子戏法来了，而您又毫不察觉，毫不介意，那您可就真是一个“逆梅又闻花，泥枝伤根低，遥问逆石水，泥石答春绿”的不折不扣的大傻帽了。

其实您真是想太多了。难道您的心不是人心？莫非您的心不是肉做？谁又知道您在婚后会不会抢先一步把那顶帽子扣在您老婆头上呢——谁说“绿帽”从来都只限男版呢？

脱帽下。

爱恨同学会

毕业十年了。我们分手也三年了。班长在谋划开毕业十周年的同学会，问我是不是赶回来参加。我口头答应了，但心里却很犹豫。他去年结婚了，据说老婆长得有点像我，不过已经怀孕三个月了。我已经避开了多场同学婚礼，因为不想孤单单一个人去看他幸福的样子。我决心在这场同学会上学会面不改色心不跳地与他恢复同学关系，但是好像很难做到。他什么都有了，我却什么都没有，这该如何是好？

这位女同学，世界上的会，除了老鼠会，绝大多数都很无聊，其中无聊透顶的“两会”，第一是同乡会，第二就是同学会了。更何况，你们毕业都十年了，要开，也应该开家长会才对，是吧？

同学会什么的之所以无聊，以我的小人之心度之，无聊就无聊在“互相攀比”。比什么呢？当然是比谁混得好，谁比谁官大，谁比谁钱多。而热衷于充当同学会发起人或召集人的，通常都是混得不错或自认为混得不错或者自认为混得还不错但是因自己心里没底而尚需别人尤其是老同学当面予以确认的。

在你的故事里，热衷于谋划同学会的人之所以会是班长，这并不表示他在毕业十年以后仍以你们的班长自居，就像《樱桃小丸子》里那个当班长成瘾的丸尾同学那样——不是的，鉴于你们的老情人关系，他之所以如此热心，无非是因为他在婚姻上“混得不错”或“自认为混得不错”或者“自认为混得还不错但是因自己心里没底而尚需别人尤其是老同学兼老情人当面予以确认”。说白了，就是要找个机会，对你当面炫耀一番，秀幸福、秀婚姻、秀他使另一个女人怀孕的能力。你的困扰，皆因此而起。

同学会之所以无聊的另一个更重要的原因，在于不管他（作为成功人士的召集者）有没有以上这种邪恶的想法，都无法阻碍你（被召集的 loser）在这个思路上的突飞猛进。好吧，既然你在意了，那么，如果我是你，就断然不会赴约，图的就是个眼不见心不烦。什么叫“恢复同学关系”？我活了大半辈子，从来都只听说过有两国间的“恢复外交关系”，甚至连“恢复断交关系”偶尔也可以有，但“恢复同学关系”这样一种程序和这样一种仪式，则属闻所未闻。即便夫妻关系都可以通过法律程序予以解除，但这同学关系，却是一朝确立，终生不废。顺便跟你谈谈我个人的经验好了，二十多年前，我娶了我的同班女同学，但是直到如今，在某一个白色或者黑色的梦醒时分，总有那么一二刻，还是会恍惚起来：哎哟喂！为什么会有一个老同学睡在自己旁边？

这么跟你说吧，就算很多年以后，你们一整班的男生女生统统都死绝了，而你们生前的学校或后代如果因为混好了而发起一次对你们的纪念活动，彼时，还是会（也只能）称你们为“生前同学”的。

因此，同学关系不存在什么“恢复”不“恢复”的问题，你想做的，乃是企图用“恢复同学关系”来对曾经有过的“情人关系”

进行一次“面不改色心不跳”的洗底。这不仅是“面不改色”的痴心妄想，更属“心不跳”的多此一举。洗底这活儿，得干脆利落，用干洗，不能湿洗，拖泥带水的。也就是说，不见面不联系就是了。再说，你以一个“长得有点像怀孕已经三个月的班长老婆的女同学”这种身份出席同学会，就算你好意思，我都要替你害臊。

不要再为“他什么都有了，我却什么都没有”而彷徨而悲戚了！和他的婚姻相比，你也许“什么都没有”，但不要忘了，你拥有的，正是他在未来相当一段时间里已经不可能得到的最牛逼的东西——你还可以结婚，而且是头婚！所以，同学会可以避席，但同学的婚礼，建议还是以多参加为好，要知道，勤于参加他人、尤其是同龄人的婚礼，让自己面改色、心狂跳地经常受受刺激，绝对有助于尽快把自己嫁掉、嫁好。花钱买励志，超值！

扔捧花下。

坚持不打第一枪

一个认识十四年、喜欢我、但是我们没有正式交往的男生，被一个微信认识三十天、同校、能够天天见但私生活很乱的女生勾引睡了，他是处男第一次，我不介意这个，但是我介意的是他们一周里睡了两次。现在他表示因为女生实在太乱了，他不会要，那段关系必须消去，并且还是喜欢我（我是一张白纸）。那您觉得我应该相信他还是直接放弃？其实是觉得心里已经有明确的答案了，不过还是请沈老师直接骂醒我吧！

这位白纸妹，你主动求骂，我还偏偏就不骂了。我没那么好说话，更不是有求必应。不但不骂你，还要和颜悦色地与你谈谈心——说实在的，你的故事激起了我老人家睽违已久的好奇心。最让我好奇的，是密布于你信中的那些神秘的数字，第一组："认识十四年"和"认识三十天"；第二组："第一次"和"一周两次"。我怀疑，你所有的冤屈，你一切的悲催，似乎全部都隐藏在这一科学而严密的数字逻辑之中。

认识十四年，交往没正式——这是个校园爱情故事对吧？那么，掐指一算，你们的年龄，大概也就在二十上下对吧？二十减十四等于或约等于六对吧（我数学差，劳您驾再次核对一下），根据这一演算结果，你二人，大概在幼儿园大班时代就认识了对吧？如果真的是这样，我就只能遗憾地告诉你，就恋爱关系而言，在你们的“认识十四年”里，至少有十年是无效的。也就是说，你们俩，相当于只认识了四年。这四年，再按“喜新厌旧”的情感法则折旧一下，打个对折，剩下也就两年。

和两年（七百三十天）相比，三十天虽然只能算个零头。可是，关系的稳固，感情的深浅，从来都不跟数字的大小成正比。只听过“一夜夫妻百日恩”，却从未闻“百日夫妻一世恩”，更何况你们连一夜夫妻都不曾做过。

第二组数字：“第一次”和“一周两次”。你不介意他把“处男第一次”给了别的女人（而且是一个用机摇出来的女人），反倒更在意“一周里睡了两次”。看到这里，我也算看出点门道来了，相对于数字符号，你其实更介意数值。也就是说，你更重视“第一次”和“一周两次”以及“认识十四年”和“认识三十天”之间的差异。我担心，你玩“斗地主”的时候，会不会理直气壮地用你手里一对“3”去压上家甩出的一对“2”？

搞完了搞脑子的数学，再来谈谈我比较擅长的语文吧。相识十四年（或两年），也表过白，居然还没有“正式交往”——我估计，你所用的“正式”一词，联系上下文，与其说是“还没正式恋爱”，不如说就是“还没上过床”更对吧？十四年，从幼儿园到大学，从第一性征到第二性征，在这个漫长的过程中，你们的关系，就是只认识，只表白，不“交往”？这种恋爱策略，不得不让我想起国防大学的张召忠少将就中、菲黄岩岛冲突提出的那个伟大战略方针：“中国积极防御的军事战略决定了中国的基本态度不会打第一枪，但是中国也要采取一些预防性动作，用积极的方式来防止对方打出第一枪。”

截止到发稿为止，张将军的策略很成功，而你却败了：你坚持不打第一枪，却未能采取积极有效的预防性措施，结果让对方打出了第一枪，而且一周内还打了两枪。

事已至此，窃以为当务之急并不是要在去留之间做出抉择，而是先冷静下来，对你的数学观以及建立在这一另类数学观之上的恋爱观做一次彻底的矫正。唯如此，你才能免遭被骂醒而得享长久的自然醒。既然他已经用“一周睡了两次”来证明了“那个女生实在太乱了，他不会要，他还是喜欢你这张白纸”，那么，接下来你要自证的，就是在以下三种恋爱类型里，究竟要选哪一种：文艺型，不考数学，只考语文；普通型：文理并重；二逼型：语文数学皆免，只考生理和体育。

摇手机下。

老公的女下属们

我老公是单位领导，手下是一众女生，莺莺燕燕。现在大家都玩微博，我烧饭带孩子之余也注册了一个玩。最近我发现老公的微博，每每说了什么，都有一个女下属跟帖，两人积极互动，我老公发个今天喝多了头疼，她就回个哦你又喝多了啊快喝杯茶之类。我看得很火，要不要跳出来发飙？

这位闷绝人妻，你老公在微博上和下属积极互动，作为领导，这叫密切联系群众，不管在线上还是线下，一刻也不脱离群众，是好事，是一种优秀的工作作风。谁说粉丝不是群众？至于该群众是男群众还是女群众，你烧饭带孩子之余，就不要有分别心了。

至于被你盯上的那个女群众，虽然你我都还没有听到过“密切联系领导”这一说，但退一万步讲，身为女下属，拍拍领导的马屁，套套近乎，也是人之常情。这个，你烧饭带孩子之余，亦宜以平常心视之。

再说了，即便你老公不是领导，但是既然玩开了微博，谁不想拉高自己的人气、给自己多弄几个粉丝呢？因此，多发言，多回复，多搭讪，多互动，算不上骗你，只不过是骗粉。犯不着上纲上线。

另外，你提供的互动记录，我也看不出什么大问题。你老公说“今天喝多了头疼”，她回“哦你又喝多了啊快喝杯茶”之类，这个难道有什么不妥么？“今天喝多了头疼”这句话，你老公跟任何人讲，跟你、跟邻居、跟保安、跟钟点工、跟110，哪怕是跟急诊室的护士说，他得到的回答，想必都会是“哦你又喝多了啊快喝杯茶”或者之类。什么时候，等你抓到那个女粉丝不只是建议他喝杯茶，而且还鼓励他“喝杯茶再吃几粒伟哥”时，再写信给我或者直接报警不迟。

尽管无不妥亦无伤大雅，但是，如果你仍不放心，那么，你在烧饭带孩子之余既然也注册了微博，就不要继续潜水了。非但不再潜水，而且要在“自我简介”里注明你就是某某领导的老婆，同时把你老公及其女下属全部都给关注上，然后，不仅要积极与你老公互动，还要更积极地与他的那些女粉丝互动——当然，也得注意循序渐进，不露痕迹，从初动，到复连动之，再过渡到大动之。这样一来，那些女粉丝若是晓事的，还没忘记什么是“八荣八耻”的，至少在言语和态度上定会有所忌惮，知难而退。有道是，只要功夫深，铁杵磨成刀。有刀在手，你的烦恼不也就迎刃而解了么？

当然，浮出水面的姿势，不应该是你说的那种“跳出来发飙”，千万不能用力过猛，搞到水花四溅。你的“脱潜”若是太高调，太强势，太逼人，一个不小心，搞不好反而会弄假成真，逼良为娼。也就是说，会把假的变成真的，让明的转入地下，本来是一个密切联系群众的好领导和一群关心领导的好群众，活活被你弄成奸夫和淫妇；本来是逢场作戏说官话，生生被你逼成真抓实干办实事，你道冤是不冤？

最后，还有一件极其重要的事要与你交代。你老公，是个领导不假，但他是哪个单位以及哪种单位的领导？这个你没说，这个很重要。你知道，从电视台到呼叫台，从夜总会到老鼠会，从电商城到足浴城，哪一个不是单位？哪一处没有男领导在那里领导着一众女生以及莺莺燕燕？如果是，你就当没写过这封信，我也当什么都没说过。

拉黑自己下。

食道绝不是男人身上的唯一门道

结婚后，我努力做个贤妻良母，以前从来都是饭来张口的我，不仅去买了一堆菜谱，在电视购物添置了全套的双立人刀具和锅具，还坚持订阅《贝太厨房》。因为我老公是个茶餐厅的厨师（就是很有名的那家），吃东西很挑剔，所以我更是加倍小心。然而，我的努力似乎都打了水漂，每次在饭桌上问他我做的菜好不好吃，这个没良心的，每次总说他还是最爱吃他妈妈做的菜（他妈妈已经老年痴呆半年了）。据说“通向男人内心最近的道路是他的食道”，请问我该怎么做，才能走进这个男人的心呢？

这位巧妇，“谁做的菜最好吃”，这种问题，别说是你男人，就算你拿去问全世界的大厨，十个里头有七个，给的也是一样的答案：全都是他妈的。剩下那仨倒霉孩子，一个是后妈带大的，另一个妈倒是亲的，不过还没出月子，就和他爹男女双修去了，单月辟谷，双月全素，一直修到那孩子高中毕业；剩下那个，妈妈超会煮，却在生下他之后的第三天离家出走，扔下他由他的超级奶爸一把屎一把尿一把方便面地喂养成人。

所以，你老公说得没错，而这番温情氤氲、奶香四溢的话，搁哪儿都挑不出什么大毛病来。摆妈妈上台，虽然十分狗血，但谁不是他妈生的？最爱吃妈妈做的菜——软实力，硬道理，软硬兼施，就像一块正宗的帕玛森奶酪。据说，那神物不管被出售到世界哪个地区、哪个角落，亦不管是落到谁的手里，更不管经历了多少年、多少风霜雪雨，最后总能追踪其最初的出产地甚至是出产它的那头奶牛——只要它还活着，不管有没有老年痴呆。

当然，在这个标准无敌答案中，把“妈妈”置换成祖母或外祖母、姥姥、外婆、奶奶或奶妈，皆能异曲同工，殊途同归。他妈的以及他奶奶的，都不会离谱到他姥姥家去的。同理，如果是大姨妈养的，就爱吃大姨妈的；丫头养大的，爱吃丫头的；吃“湾仔码头”长大的，一辈子都只拜臧姑娘这一个码头；吃外婆家长大的，终生都眷恋着别人家的外婆。吃了别人的，嘴都硬。

很显然，企图通过他的食道而走进他的心，今生你是别指望了，除非你在十岁上就嫁到他家当了童养媳。现如今，你就是在《贝太厨房》之外增订《贝老太厨房》《贝奶奶厨房》以及《贝老祖宗厨房》，即便在全套双立人刀具和锅具之外追加购入全套的“四立人”、“八立人”以及“一百零八倒立人”，也注定是个杯具，也是全套的。

幸而天无绝人之路。高速封闭了，还有国道、省道和野道，而一个男人身上的门道，更绝不止食道。食道走不通，你可改走旁的门、左的道，又何必一条道走到黑？你做的饭菜他不爱——爱吃不吃！多大点事呢？最多也就说明了以下这两个事实：一，你老公，老实人，不会说话，不懂哄老婆。此乃天性，改也难。但不爱吃你的，并不表示他不爱睡你的。此也是天性，也难改。二，不是你的厨艺太烂，就是他口味过于刁钻——毕竟，一个茶餐厅（尤其是一家特别有名的茶餐厅）的厨师的口味，还真不是那么容易捉摸的。

其实一开始我就想问你然后一直憋到现在的是：走进他的心，这件事对你来说真有那么紧要么？这世上有多少痴男怨女，一辈子都在挖空心思地企图走进别人的心，却从来都没有走进过自己的心，甚至连这个念头也不曾在自家的心里生过。真个是我见犹怜。

饭来张口下。

婆婆把我家变成了动物园

婆婆最近又养了一只猫！自从我结婚一年之后，婆婆就变成有爱心的人，到现在为止，家里已经有三只猫、一只乌龟、一缸金鱼、两只鸟、一只狗。我其实很不喜欢小动物，因为觉得脏，但是只要我一提意见，婆婆就会说，啊，你快生个小孩吧，这样我就有东西玩了，就不会养小动物了。我觉得她这是存心的，我也和我男人提过意见，他的口吻是:反正我们现在还没孩子，老人家寂寞嘛，你就让她养着呗。该怎么办?

这位小娘，面对一只乌龟、一缸金鱼、两只鸟、一只狗以及三只老猫加一只新猫加上一个婆婆以及一个老公，你该怎么办?办法很多啊！比如把鸟喂猫，比如把鱼饲龟，比如把猫猫狗狗和你老公一起送去结扎，比如设法让你婆婆发现你家楼上的那个独居的小老头其实要比小动物好玩解闷得多——但归根结蒂，还是取决于你们夫妇二人在生儿育女一事上的计划。

首先你要明白，“计划生育”和“生育计划”，乃是两个不同的概念。所谓“计划生育”,大体上是指一对夫妻只生一个孩子;而“生育计划”，则基本上是你们对“计划生育”有没有计划。千万不要以为自己遵守了“计划生育”就可以无视“生育计划”。

所谓计划，我能替你们想到的，也不会超过以下三种：

一，铁了心终生不孕不育，你上环，他结扎，把“计划生育”提升为“计划绝育”；

二，有计划、暂时性地不孕不育，但已将生育一事明确列入了明年后年大后年的办事议程；

三，不知道，没计划，碰运气，撞大运，孕了就育，不孕则不育。

既然你婆婆“挟猫狗以逼孙”之心已昭然若揭，那么，不管你们的计划是哪一种，只要你和老公达成了共识，我认为，都要及时地对你婆婆开诚布公，说个分明。毕竟她是你老公他妈，即便不享有强迫你生育的法定权利，但是，她自己的儿子在育龄期间会不会有后代以及她自己在有生之年能不能当上婆婆，这两件事，至少也该拥有知情权吧。

在把你们的生育计划明确知会婆婆的同时，也要同样把你对家里这些小动物的真实感受传达给她，请她老人家也提出一个动物处理计划。但是但是，千万千万请勿将人畜二事混为一谈！那样的话，对被你婆婆胁持到家里的那些动物太欠公道。无论你婆婆对你们的生育计划反应如何，最倒霉的，一定会是那些动物。不难想见的两种结局是，一旦你们婆媳之间因你的终生不育计划反目成仇，仇恨势必转嫁到无辜的动物身上，即被她作为投枪匕首，被你当成魑魅魍魉；而一旦你在动物的压力下生了孩子，那些小动物的命运，必定是鸟尽弓藏，胖娃娃进门之日，就是它们被扫地出门之时，一夜之间沦为流浪猫流浪狗，两只鸟惨叫着变成一对野鸟，一缸金鱼只剩下一缸，而那只乌龟，也很有机会被她老人家为你炖了爱心催奶汤。

话说回来，西式的直白坦诚，虽然理直气壮，但考虑到我国国情之特殊，尤其是考虑到我国境内别有一种学名叫做“婆婆”的特殊物种，终归显得不近人情而又不自量力——说白了，无非是好汉不吃眼前亏，好女不喝隔夜茶。只要你仍然必须与婆婆同住，只要你婆婆在龟、鸟、鱼以及猫狗之外还没有把一头草泥马这样的神兽牵进家门，建议你还是念念中国人最擅长的“拖”字诀算了——即以你的“明后年应该会生个一男半女吧再说能不能怀上孩子这不是我一个人的事对吧”来换取“能不能把猫减少到一只把狗减少为半条然后把龟啊鸟啊鱼啊什么的都送给楼上那个独居小老头再说家里动物太多对准孕妇的健康也是种隐患不是吗”来搪塞过去，至少在未来二十四个月内，应可保你阖家上下人畜苟安。

鸡飞狗跳下。

鲜花的最终解释权归牛粪所有

我，不年轻，长得不丑，但绝不漂亮，有过婚姻，现交一男友。我貌美但不如花，每每和他出去吃饭，他经常会和他朋友说：我女朋友不是美女，但是我觉得舒服。我脸上笑靥如花，心里磨刀霍霍，立马欲订韩国机票。终于，我对他说：我要整容。他说：你搽了粉都不要来见我，更别谈整容了。我问：我天生丽质？（我一向厚颜但不无耻）他斜我一眼：丽质就算了，天生就这样。沈爷，你看尽人间痴男怨女（我是女，但不怨），你认为他是口是心非，还是真的不接受我整容？看在我为你的书贡献了二十九块大洋的分儿上，你为我胡说八道一回？

这位厚颜有耻姐，人之美丑，原本自有公论，但此事若一失足从外貌协会落入恋爱关系，就会顿成相对主义和不可知论之形而上学的千古之恨。

在男女关系中，一方之美、丑以及“貌美但不如花”或者“不丑但绝不漂亮”或“不漂亮但绝对不丑”等等，概无客观标准。作为“被审美”的客体，你没有发言权，强行发言了也不算；不仅你说了不算，你全体直系血亲以及旁系亲友团都说了，也不好使。打个再恰当不过的比方：论稳定性和客观性，与你“不年轻、有过婚姻”这种铁一般的事实相比，“你美或者你丑”这种肉一般的真相，简直就不堪一击，弱爆了。

能够决定“真相”的魔镜只有一面,那就是“审美方”的眼睛。情人眼里出西施，绝不可能看出西瓜来。有史以及有屎以来，多少鲜花插牛粪，多少牛粪被花插？然而，那一坨又一坨的牛粪它究竟臭也不臭，烂或不烂，不但路人说了不算，就连把它们拉出体外的那些牛说了也不算，唯一拥有话语权的，乃是“鲜花”。当然，那些花儿，它们鲜不鲜，香不香，它们甚至能不能被视为花儿，这事的最终解释权，也只能归牛粪所有。

其实，别说是长相，你不妨扪心自问，就连“他是不是爱你”这件比长相更紧要的事，不也是得由被爱人姐姐你来根据自己的感受而做出全权判定么？他作为“施爱人”在这个问题上的一切信誓旦旦以及呼天抢地，能管个毛用啊？

这就是辩证法，和你一样，厚颜但不无耻。

综上所述,你之“他是口是心非,还是真的不接受我整容”二问，我果断选二。脸且不说，就从胸说起吧。虽然中国男人几乎无一例外地迷恋大胸,但这些“奶粉”似乎也都无一例外地厌恶假胸——当然，主要还是厌恶那些自己所能触及的假胸。这种厌恶，也未必一定与手感什么的有关，更接近于一种受骗上当和被坑被骗的愤怒。这感觉,大概和他们在看足球时目睹假球差不多。你看,英超、西甲这种“超级大波”，肯定比又小又烂的中超更好看、更精彩，这貌似是球迷的普世价值了吧？但是且慢，这显然并不妨碍中超也拥有自己的大批粉丝甚至脑残粉。但是，比这更普世的价值是：

不管什么超，一旦打假球或有假球传闻，必遭球迷鄙视。

胸且如此，脸何以堪？他不接受你的整容，并不意味着他就不喜欢看到你更尖的下巴、更挺的鼻梁和更双的眼皮——不是的，他最最不能接受的，乃是整容外科手术器械们用一场寒光凛凛的“武器的批判”对他的眼光、品味甚至智慧做出的污辱和摧残。想那太原王生，如果一开始迷上的就是一个“面翠色，齿巉巉如锯”的女鬼，那么，一旦当他偷窥到“铺人皮于榻上，执彩笔而绘之，举皮，披于身，遂化二八姝丽”的那一幕时，同样也会“大惧，兽伏而出”的。

追求真理是美德，主动放弃对“真相”的追寻，则是通往真理的快捷方式。尼采的意见是，真相是对生命有利的谬误；我的意思是，与其怀疑你之长相和他之居心，不如直接与他谈婚论嫁，拨开“以貌取人”的疑云，得见“以貌娶人”之明月。毕竟，一个男人对一个女人最高级、最终极的肯定，绝不是夸她饭她睡她，而是娶她然后把她娶回家里以后继续夸她饭她睡她。

“我是女，但不怨”——说实话，你是不是女的，这个我也说了不赶趟，端视你的心情而定。唯一可以肯定的就是你肯定“不怨”。看来我那胡说八道的书，你算是读透了；你那二十九块大洋，绝对没白花。

三十元找一元下。

老鼠来例假

我是南京的，想说说我秘书。她不美，但真的很旺我！我和她，不但星座很搭，生肖也是六合。自她来上班后，公司神奇地一改颓势，订单一笔接着一笔，上周，居然连风险投资都来找我了！已经有不止一位大师告诉我，她的样子极其旺夫，但我其实还应该和她再“深发展”一下，才能把虚火真正烧旺（本人已婚，育有一子，不想离也不能离）。可是，在上周的一个宴请客户的饭局上，大家都喝高了，起哄之下，她竟主动要求认我做干爹！还定了下周要我摆酒搞个仪式。我该怎么办？她都主动要求了，我是不是不好拒绝？但如果我和她真成了干爹干女儿的关系，她是不是就不会再旺我了？有木有两全齐美的解决方案？

这位老板，你所说的“深发展”，无非就是把你的女秘书发展成你的小三，把你自己从她的老板深化为她的奸夫，是不？如果就这个破事，那还真不算个事，就像你们南京人爱说的那样：“多大点事呀？老鼠来例假啊？”但你的问题在于，这次是要在“奸夫”

和“干爹”这两个身份之间作出选择，只能择一。这难度，那简直就是米妮来例假的那一日，米奇也来例假了。乖乖隆地洞，这是多么大的事啊，米妮和米奇一起来例假了呀！

先和你探讨一下“旺夫”。这种事，虽然十分地反方舟子，但我个人还是宁可信其有、不愿信其无的。只是，在对发妻不离不弃的前提下，你还想和女秘书深发展，那么，发展得再深，你也只能做个奸夫。“旺夫”听说过,可从来没听说过还有“旺奸夫”的。不过我也是瞎猜，关于命理面相学中是不是还存在“不旺亲夫只旺奸夫”的这种特例，请你再次咨询你的不止一位的大师。

再来说说你秘书。一个女人、一个有亲爹（或者曾经有亲爹）的女人，但凡要认一个男性上司做干爹，一般都是“女亦有所思，女亦有所求”的。所思所求者，则不是想得到点啥，就是想失去点啥——在工作中得到靠山或者在生活里得到久违的父爱，失去上司的纠缠尤其是失去你即将付出的奸夫的爱。我相信，你秘书主动要求认你做干爹，应该是已经看穿了你的险恶用心，又碍于劳资关系，于是顺水推舟，企图把你这个“有妇之夫”变成“有妇之父”,用非性的“干爹和干女儿”来反抗正在等待着自己的“小三”之命运。

因此，既然人家主动提了，现场还有那么多乐见其成的见证人，还是客户，你确实不好推诿，就择吉日摆酒，把事情给办了吧，不过是场面上的人情罢了。再说，你之要和她“发展”的决心若坚定到已经成为一种刚需，谁又能拦得住你呢？谁又硬性规定过一个男人不可以又当干爹又当奸夫，成为一枚名叫“奸爹”或“奸爸爹”的奇葩呢？即便有乱伦之嫌，也是“乱干伦”或“干乱伦”，不过是名义上的禁忌而已。当然,这对于解决你最大的担心,即“成了干爹干女儿的关系，她是不是就不会再旺我了”似乎依然是无济于事的。只知道女有旺夫的相，亦有“旺父”之格，可真没听闻过还有能“旺干爹”的。

最后要说说你了。在貌似复杂的“小三”、“奸夫”和“干爹”这等狗屁倒灶的角色之后，你这个烂故事的关键词，实乃“旺夫”二字。这不仅是困扰的根本，也是一切混乱的缘起。换言之，若不是“公司神奇地一改颓势，订单一笔接着一笔”，而是“公司的颓势依然，订单一笔少过一笔”，若不是“居然连风险投资都来找我了”，而是“风险倒是来过了，但是忘了带上投资”，则此女之存在，也就是普通的存在，搞不好，还会被你视为祸水，当成替罪羊而被炒鱿鱼（反正也不美,正好有借口再请个美的）。因而,你之烦恼，你之起意，你之鸡贼，皆因你的公司而生，盖由公司收到订单之多寡而定，一切皆为利来。也就是说，你，只是个求财的罢了。

饮食男女，人之大欲。或动于情，或生于色，抑或情色联动，各有所起，各有所终。若单纯地为了求财而扯上了男女，则属动机高度不纯，反动指数已达到 62%。一切反动派，是不会有什么好下场的。

没有一款旺夫，只旺奸夫；只有一种坑爹，专坑干爹！

单脚跳一百一十米下。

不能让避孕套给套牢了

我和男友相处也快两年了，基本上相处愉快，尤其是我们在床上一直都超和谐的，但唯一让我不爽的是，十次里有九次，他都会要我备套！本来，下楼或者上楼前去便利店买一下，也不过是举手之劳，但这种事就是会让我觉得自己很贱，感觉是相当的不好。为什么他自己不准备？凭什么？我也就此质问过他好几次了，但每次他都是含糊其辞，然后就是不了了之。您倒是说说看，他这样做，到底是种什么心理？

这位买套姐，如果你问的是他的生理，我还可以和你瞎聊几句，可是你问的是心理，这种高级的事情就难说了，可能是因为他懒？要不就是因为他蠢？或者是因为他记性差——当然，造成记性差，也有各种不同的原因，比如，是不是因为你们在床上的"超和谐"把他给和谐到过于激动乃至激动到把买套套这件事也给和谐掉了呢？

总之，凡事一旦从生理上升到心理，原因就超多端的，最起码，比你每次都去买套的原因要多太多，实在不好说，更加说不好。

能说得出口的，尽是不好的、让你更不爽的，比如像“他潜意识里其实是觉得避孕套这个名词顾名思义避的就是你的又不是他的孕”，比如像“他内心深处一直都相信自己在床上是被你占到便宜了”，又比如像“楼下便利店的那个年中无休的女收银员可能就是他的秘密女炮友之一”之类。如果你心理实在不爽，一定要深究到底，非要我说出一个让你信服的理由来，我就只好挑个比较实在、比较俗气的说说了哈。咳咳，我觉得，每次都要你买套，没别的，就是因为他小气，他孤寒，他鸡贼，他就是舍不得花那个钱——尽管“下楼或者上楼前去便利店买一下，也不过是举手之劳”，不过小套怕常用，小数怕长计，老是举手或者手老举着，也会患上肌肉劳损的。在某种意义上，尤其是在会不会过日子的意义上，避孕套其实并不便宜。

手贱，帮你上淘宝查了一下，结果发现“杜蕾斯”一盒要九十九元，每盒十二枚，平均算下来，一枚就要八块二毛五，有的卖家还不包邮（当然也有包邮甚至还赠送情趣用品的）。你想，八块二毛五，除了买一枚用过即弃的套套，其实还可以买很多别的好东东喔，比如，可以买一盒六味地黄丸让他补肾固精，可以加一升 93 号汽油让你们开着空调玩车震，可以买一包“中南海点八”让你们抽上一整天事后烟还能边抽边讨论省下的那一块二毛五可以去买些什么。

而且，这价格，还只能买到普通型的，入门级的。若是碰上生日、情人节要升级到精装版的、螺纹型的、颗粒型的或者带电动环的以及各种水果口味什么的，那价钱，又得噌噌地往上蹿了。再说，如果你说的“床上超和谐”并不重时间长度而指的是感受强度，那么这八块二毛五就显得更有价值，弥足珍贵，几乎就可以自动加个零了。

对于以上的这一番小人之心，你真的不要介意，因为这想必是跟我小时候所接受之不良教育有关。冷战时代，橡胶在我国属于既紧缺又敏感的战略物资，根据我上中学时偷偷研读过的某本“计划生育手册”，避孕套这东西是必须循环再用的，用完了要立刻用自来水清洗干净，晾干（不能暴晒，得自然阴干）以后，撒上一层滑石粉，细心收藏起来（要藏在儿童不易发现的地方），以备下次再用。

后来，又被这样一个成人段子误导过：某人妻，特开明，老公出远门前，以避孕套若干投其行李中，并叮嘱“千万不要惹病”云云。老公感动不已，泪流满面，紧握妻手曰：“咱们家也不富裕，要用，就用她们的罢！”

总之，我的童年阴影和成年误导你不必介意，他的心理活动你也无需了解，只是你的感受必须让他知晓。因为不管是出于什么原因，他习惯性地要你自带干粮，这样做确实不好。别说是你，就连浑身都不搭界的我都有些看不过去，在我看来，凡是上床时让女方自带避孕套的和那些下馆子自带酒水的，统统都是犯贱。对你来说，这还真不是钱不钱的问题，而是个贱不贱的问题——完全可以想象，在那些最不爽的时候，你心里的潜台词和肺里的最强音一定只有这么一句：“你 TMD 把姐当什么人了？！”

显而易见的是，不管他把你当什么人，此事的圆满解决，最终还是得取决于你把他当什么人。事实上，两个人混熟后，谁主动，谁被动，一般也都无所谓的，关键是任何一方都不能反动。

至于治愈你的不爽，这个就易如反掌了：从现在起，彻底放弃对他的什么鸟心理的学术性探究，而是把斗争方向牢牢锁定于他的生理：下一次和他上床，候他剑拔弩张之时，值其“贱”在弦上之际，淡定地摆上一句话：“喔，我忘记买套了。”而彼时，你扔给他的选择只有以下两个：一，要么穿上裤子立马滚下楼去买；二，要么穿上裤子立马滚下床去洗。如此治他一回，可保三十日长治；这般虐他十次，得享三十年久安——关键是你自己要 hold 得住。

最后，还是要从维稳的角度循例叨逼上几句。我认为，你俩在床上的和谐局面以及那种“超和谐”之大局，委实来之不易，这是主流，要珍惜，切莫让枝节坏了大事，最起码，大好形势及其美好前景，不能让避孕套给套牢了。而在某种意义上，你也要充分考虑到国情。在我国，避孕套这东西的消费习惯，也许就真的和名酒名烟以及天价月饼什么的那样，也就是说，用的不买，买的不用。你懂的。

我这么一说，您这么一想，心里是不是就感觉好受多了？有木有还感觉自己萌萌哒？

笑趴下。

共夜留下的共业

离婚后和前夫两年没来往，昨天和男朋友逛街时，突然就遇到他了，还带着一个女人。虽然我们如今只是路人甲和路人乙，但我的心里还是久久不能平静，因为他居然找了一个奇丑无比的女人！非但完全不能和我比，最不能忍受的是，居然还是个飞机场！（我 D 杯的啊）虽然我和他已经没有半毛钱的关系，但我还是愤愤不平，越想越生气，甚至觉得受到了污辱。我这样是不是很无聊？

这位路人姐，要让自己释然，要确信自己“真的很无聊”，你得和自己玩一个小游戏：假设那天在街上见到的那个女人，长得比你好看，而且，非但不是什么“飞机场”、更不是什么“杯”不“杯”的档次，简直就是“锅”的级别，你又会作何感想呢？你会为此而深受鼓舞以及倍感欣慰吗？你会边逛街边跟你男朋友感慨万千地说“那个不争气的长进了”吗？回到家，会喜滋滋地翻出他的手机号，给他发个短信说：“两年不见，你的进步真大，不仅品味进入了一个境界，审美也迈上了一个新台阶，我越来越相信，两年前你果断和我离婚真是一个英明的决策。作为你的前妻，由衷地感到自惭形秽……肠子都悔青了，我们复婚吧！”

再欺人，也不能这样自欺吧？真碰到那种情况，你大概还是会写一封信来，字字血、声声泪地痛斥你前夫是如何好色如何变态如何卑鄙如何下流以及如何如何的忘恩负义。对于像“用G杯来打压D杯”甚至是“用锅具来羞辱杯具”那种触目惊心、惨绝人寰的事实，必定会站在道德的高度，不惜笔墨地对其无耻本质予以毫不留情、一针见血的揭露和声讨。

情况嘛基本上就是这么一个情况。合着就是怎么着都不好，怎么着都不爽。这么说吧，除了好看难看、A杯D杯之外，只要是他的新欢，浑身上下的每一个细节就都能撩动你的芳心——谁叫这个男人曾经是你的丈夫呢？前夫也是夫，不能把村长不当干部，不能把前夫当成匹夫。你和他，现今虽已没有半毛钱的关系，但这并不足以抹杀你们曾经共同有过的那段涉及很多毛钱的关系。这就是你们的小共业。

忘记历史就等于背叛，惦记历史会有害健康。欲调伏业力，要对他本人以及他的女人采取无视态度，别让你和他的过去像一个没有得到超度的亡灵那样给你带来穿越性的负能量，在你逛街和人生的道路上筑起“一前夫当关，万夫莫开”之魔障。既已“再没有半毛钱的关系”，那就连一分钱的关系也不要有。要设法把自己的婚史当成一个被关闭的银行账户，不再发生任何往来，不再有一分钱，更不会产生一毫一厘的正利息或负利息。从今往后，不管他身边的女人是丑是美，是肥是瘦，哪怕有一天直击他搂着另一个男人招摇过市，也都和你不再有半毛钱关系。和你有关系的，是当时正在陪你一起逛街的身边人。珍惜身边人，而不是擦肩而过的路人甲和路人乙，更不是路人甲乙的身边人甲乙丙丁ABCD。

“凡为夫妇之因，前世三生结缘，始配今生之夫妇。若结缘不合，比是冤家，故来相对；既以二心不同，难归一意，快会及诸亲，各还本道。愿娘子相离之后，重梳婵鬓，美扫蛾眉，巧呈窈窕之姿，选聘高官之主。解怨释结，更莫相憎。一别两宽，各生欢喜。”以上抄录的是敦煌山洞出土的一份离婚协议书，唐朝的，开门。每晚上床之后，宜高声朗读三遍，心中默诵三十次，可破迷妄，矫邪见，正三观，归正见。慢慢修炼吧，一夜夫妻百日恩，共夜留下共业，消磨业力，还要很多很多的夜。哦耶。

击磬下。

欲便已忘言

万能的沈爷，痴男怨女之外的问题，也能来问你吧。情况是这样的，昨天下午在洗手间遇到领导，实在是没想到啊，这位大领导，只是在年会上远远地望到过他在台上，平日不大见得到的，但没想到他竟会进了我们楼层的洗手间。当时确实有些慌乱，手足无措，只是慌慌张张地看了一眼（可能还傻笑了一下），连招呼也忘了打，领导好像也瞄了我一眼，但貌似表情很严肃。下班后，我的心情很沉重，一直在反思自己当时究竟有没有什么失礼的地方？会不会给领导留下了不良的印象？以后再遇到类似情况，我该怎么处理才得体呢？

这位兄台，与其去想那无济于事的后事，不如提醒自己以后一定要记住那原本在事前就应该想到的前事：领导也是人，也有三急，一旦急起来，也会现场办公，亲自到洗手间小便的。

根据你提供的包括人物、场景在内的剧情梗概，我从头到底帮你把事件回放了一遍，基本没看出什么大毛病来，基本不失礼，更不非礼。至于最让你担心的“领导表情很严肃”，我觉得这也在正常范围，因为第一，既然是领导，表情通常都是偏严肃的，不管在会议室还是洗手间，亦不论昂首还是低头，锁着裤链还是松开裤链；第二，不管是不是领导，也不论在小便中以及小便后心里有什么样的感受，当其形于色，通常也都是面无表情的，迹近于你说的那种“很严肃”。你见过有人在小便时还带着一脸的慈祥关爱或满面的嬉皮笑脸么？反正对像我这种撒尿次数比你拉屎趟数还多的过来人来说，这实是闻所未闻。

当然，洗手间从来都不是、也不应该是人类社交生活中一个被遗忘的角落，更不是说在洗手间里就不存在任何人际交往的得体礼仪。道在屎溺，屎溺之处岂能无礼？大体上，在这个特殊空间内，平日的一应社交礼仪皆可照行如仪，只是把幅度、温度、力度和长度都一律降低它 62% 即可。打个比方说，把登机口的拥抱省略为挥手，把街头偶遇时的寒暄精简为 say hi，把餐桌上的握手简化为颔首，把脸熟者之间的颔首降格为无视——总而言之，能不动手的就动口，能不用动口的就上脸，低调，含蓄，不团结也不紧张，不严肃也不活泼，有礼，有节。

然而这毕竟也只是一个原则，你切不可拘泥于教条，还得视具体情况而论。盖因洗手间确属一特殊场合，潜伏着的不确定因素实在太多，比如因应就位前后、解扣前后，排泄中、排泄后，亲疏程度和权力、辈分关系上的各异以及双方见面频率之不一——比如对天天照面者和十年未见者——行礼尺度显然还要做出相应之微调。只要你足够醒目，能处处见机行事，日后于此方寸江湖上行走，不管水有多深、浪有多急，基本可保名誉和性命双无虞。

我相信、你也一定会相信，大部分发生在洗手间里的人际关系，无非是来也匆匆，去也冲冲，一起被冲走的，也包括彼此间可能的惊鸿一瞥，无所谓的。但是，良好的厕所礼仪，也的确能给人留下无比美好的印象。前年夏天，在上海和梅葆玖先生同时出席一个活动，活动进行中，溜出会场解个手，及临池，不意撞上另一位也正欲上前一步者，抬头一看，原来是梅先生，电光火石之间，但见他粉面含春，一抬手，无声无息地做了个“您先请”的邀姿，从身段到表情，皆优雅至无以复加，以至于有那么一二刻，沈某也恍惚了起来，顷刻间，胯下尿意全消，心中敬意满盈。那一刻，从夏天到秋天，只要一想起来，从丹田到心窝，无不如沐春风。端的是：此中有真意，欲便已忘言。

摩腹下。

奸夫的爱

我有太太，有个两岁大的孩子，还有个秘密的情人。三年来，我之所以一直不离婚，就是因为孩子还小。这个，情人也能理解，我和她有默契。但郁闷的是，几乎每一次逢年过节，我们都会大吵一架，最近的这次，是为了即将到来的国庆节加中秋节长假而吵，我当然要陪家人，可她却执意要我去陪她，总是说一个人过节太孤单（她家在外地，很远的）。我几乎要为过年过节而崩溃了，怎么办？求解救！

这位奸夫，类似的问题，以前好像也回过，那一次，是因为情人节和年初一两天并作了一日，搞到一位有情人（一有妇之夫，因为年初一必须陪家人而不能陪她过情人节）的女士郁闷到要写信来烦我这种啥节都不过的人。

1926年2月19日，徐志摩在从上海寄给陆小曼的信中写道："情人最怕的就是过节。春节在内，都是反情人的。"包括春节在内的节日之所以"都是反情人的"，盖因大部分的节日都是阖家团聚的日子，而情人们需要的虽然不是拆散别人的阖家团聚，但至少是一个专属于他们自己的二人世界。是故，对情人来说，就字面意义而言，所谓“春节”，其实徒有一个“春”字，见字即闹心。

然后，检视今年的月历，其实还好啦，起码并没有像“情人节和年初一两天并作了一日”那么糟糕。不就是中秋喜逢国庆，七天加上一日嘛？因为月亮，中秋节虽然也是个家庭团聚的日子，但是在时间上更长、以七天压倒一日的国庆节，那可是国家的节，与你家无关。和情人节与大年初一撞车相比，这种局面要好对付得多，再说，举国同庆之际，你岂不是正好在人多热闹的掩护下“举自己”溜出去会会情人？这事，你非但不应有恨，更得感谢国家。

不过，对尔等野鸳鸯来说，此类的问题是普遍的，始终难以逃避的，躲得了初一，躲不过十五。黄金周之后还有圣诞节，圣诞之后有元旦，过了元旦是春节，过了春节又有情人节、妇女节、母亲节、清明节、五一节、端午节、父亲节、儿童节、七夕节……掐指一算，这里头除了“七一”和“八一”与你无关，其余的，几乎每一个都要来触触你的霉头，你自己数数，有哪一个节不是你的劫？总而言之，人民群众开心之日，就是尔等一小撮反婚姻法分子难受之时。活该。

你和情人相处默契，我相信，我更相信这种默契也是有代价的，这个代价，就是逢年过节她就要定期来找你的麻烦，和你“作”上一“作”，论频率，几乎就和她的大姨妈每个月都要来烦她一次保持一致。这个破事，其实你大可以在手机日历上一一都给它提前标注好，再给自己设置一个提醒功能，万年通用。别忘了，她对你的长期理解，完全建立在她对你的月份牌式定期发泄的基础之上。这就是（这也是或者这也算是），爱的代价。

我实在狠不下心来告诉你说你没救了，怎生是好？如何将息？

我也给不出道德上的任何主张，能给的只是技术上的建议：为了不再给自己找麻烦，为了不再让那些讨厌的节日对你和情人之间的稳定与和谐造成定期的破坏，以后再找情人，一定要避开那些家在外地的，举目无亲的，要找，就务必锁定那种家在同城，双亲俱在，父慈母爱，兄友弟恭，七大姑八大姨超多超热闹的——干脆，你就直接找个有老公有孩子的，逢年过节，就可以和谐淡定地各回各家，各找各妈了。

这个策略，虽然具有浓重的马基亚维利式的厚黑风格，却是我能为你想到的唯一的、最不坏的出路了。婚外恋这种勾当，放下道德、正义不谈，更不要去说什么公正和公开，至少，得做到公平。也就是说，你可以having an affair，但此affair起码得是a fair affair。

数风流人物，还看这招！

捂手表下。

佛祖很忙

我经介绍相亲认识一男，该男在我向佛祖许愿求心上人时恰和我联系。第一次见面时，经过路口他拉住我的手，我惊讶又感动，以为这是佛祖的指引。后每日他短信或电话陪伴，致以关心，在我有恙时也心急。但近半月之后的第二次见面后，他就突然失联。我一向习惯于清晰方向，就直接问了他的意见，他最后终于说不合适。我能理解不合适或者之后可能的分手，但第一次见面的牵手或者之后的嘘寒问暖及着急关心，都是在表演吗？请您给我指点。拜谢。

这位大姐，对于您所执“第一次见面的牵手或者之后的嘘寒问暖及着急关心，都是在表演吗”之迷，实在有必要一上来就给予严正的回答：“是的，不要怀疑，那就是在表演。”

明确了这个之后，我们才能接着往下聊。

要知道，恋爱之所以美妙，美就美在表演，妙就妙在恋爱双方互为观众又互为演员。某种意义上，人之所以都爱恋爱，皆因是个人都爱演。而谈恋爱，则公平地为每个人都提供了一整套绝佳的舞台、剧场和观众——当然，更重要的标配是：一名同台演出的对手戏搭档，通常为异性。

人之天性爱演，恋爱中人尤爱，并不是为了过戏瘾，主要还是为了求偶。恋爱双方竭尽全力拼了老命地掩饰自己的各种短处，争取以最佳状态示人，这也不能说是虚伪，更谈不上什么欺骗（要骗，也是连肉体带感情一起骗）。与其说是人品，不如说是人性。为了得到对方而演，为了得到合法的、优先的交配权和繁殖权而演，这方面，人和禽兽相差不远。

即便恋爱成功升级到婚姻，表演仍将继续，在“人类表演学”以及“社会表演学”（social performance studies）的意义上，大多数所谓“幸福的婚姻”，无非是恋爱表演的加演和延续，其目的亦无非是把这一“幕景化的、模拟现实场景的、创造生活幻觉的”的演出进行到底，区别无非就是从大剧场搬到了小剧场。那些终成眷属以及白首偕老的“神仙眷侣”，都是老戏骨。至于天底下大多数“不幸的婚姻”，亦无非是双方或有一方在婚后放弃了表演或者从原先严格遵循的斯坦尼斯拉夫体系的表演改成本色演出了。

当然，除非恋爱双方碰巧都是完人，或者有一方的种种恶劣本色恰好为另一方所酷爱，否则，凡人欲求甜蜜恋爱欲求幸福婚姻，还是得时时不忘加强演员的自我修养。

他的表演、如你信中所说的“经过路口他拉住我的手，每日短信或电话陪伴，致以关心，在我有恙时也心急”等等，看似每一场，每一幕，每一举手每一投足，皆甚得你激赏，让你在心里拍烂了巴掌。但可惜的是，在他看来，你的表演却不入他的法眼，你不仅演技太烂，而且你可能压根就没有用到任何演技、全程本色演出，甚至全程都把自己定位成了一个买票入场的观众。虽然我不知道你究竟是哪里出错，但唯一可以肯定的是：你演砸了。

因此，他在第二次见面后的“突然失联”以及“最后终于说不合适”，无非是他作为一个全情投入的演员对你这个对手戏搭档的彻底否定，既是人之常情，也是斯坦尼斯拉夫体系与布莱希特体系（或者梅兰芳体系）之间不可调和的矛盾冲突之必然结果。

再说，相亲这种事，哪有个准？是成是败，你该谢谁谢谁，该骂谁骂谁，该谢世纪佳缘就别谢百合网，该骂王婆就别骂八婆，哪怕骂或谢上你家十八代老祖，都随你，就是别扯上佛祖。佛祖很忙，没工夫管你这等闲事，能安排茫茫人海中的你俩相个亲，见个面，这就已经给足面子，给够机缘了。什么“第一次见面时，经过路口他拉住我的手，我惊讶又感动，以为这是佛祖的指引”，让我来告诉您，一个大男人，在相亲时（尤其是中国式的相亲）、在过马路（尤其是中国式的马路）时，拉上女人的小手，在任何一个文明社会和礼仪之邦，这都属于正常社交礼仪，您淡定受之即可，用不着一惊一乍地乱感谢。女人要是都像你这般花痴，过个马路被拉个小手就“惊讶又感动，以为这是佛祖的指引”的话，以后怕是没有男人敢在过马路时再玩什么绅士风度了，就像再没有人敢去当街扶起倒下的路人那样，我国的恋爱风气，终将被你搞到像社会风气那样坏。

阿门！南无阿弥陀佛！无量天尊！么么哒！下。

谈恋爱历来都是一个体力活

交往了不到一年的女朋友，什么都好，就是有一事很让人崩溃：从一开始正式交往的那一天起，除了每天发短信发微信至发电子邮件打电话之外，她还要求我每周写一封情书给她——必须是用手用笔写在信纸上并且还要装进信封写上地址姓名再贴上邮票然后丢到邮筒里的那种情书喔！一开始，我还是兴致极高、至少觉得这事也蛮有趣的，可是一个月下来，就觉得越来越不耐烦，并且越来越相信她的这种要求简直是不可理喻（当然她也每次都回复给我的）。

在后来的大半年里，虽然在我的再三强烈要求之下，给她写情书的频率由每周改到了每月，但是每天的短信、微信和电话依然不能停。虽然我对她的爱情依然炽热，但是对于写情书这件事，我实在是不能再忍受了！我该怎么说服她放弃这种无理要求呢？

这位“信亢奋”哥，男欢女爱，自然要传情，要达意。动物间传情达意的方式，一向是生猛逼人，多姿多彩多媒体。比如舞蹈，比如打斗，比如鸣叫吼叫啸叫总之发出各种令对方销魂晕菜的声音和动静，比如用屎尿的方式来散发出某种令对方心醉神迷的气味，等等。可惜，你爱上的和爱上你的不是一只猫也不是一条蜥蜴，而是一个人。

自从仓颉造字以来，天雨粟，鬼夜哭，传情达意这一勾当，也就基本靠手了。除了“不渴而饮，四季交配”，利用文字来求偶求交配，无疑是人兽之间的又一项重大区别。于是就有了情书，昔以纸，今用电。

短信之后，又有了微博；微博升级，私信更带上了在线聊天之功能，天下痴男怨女，于是如虎添翼，如翼插电，十指与键盘齐飞，眼球与光标共舞，打情骂俏，约饭约炮，你来我往，热火朝天，不舍昼夜。空气之中，到处都弥漫着情欲的高危辐射，几乎就要散发出荷尔蒙的气味了。而制造出以上这一切的，都在弹指一挥间，那光景，可真叫一个“指头儿告了消乏”。

当然，较之于传统情书，短信和微博什么的，也并非一无可取，非但如此，它们尚有一不可替代之妙处。比方说，一旦情海翻波，时过境迁，移情别恋，那“不可留”之昨日之日里之最最不可留者，必定以纸媒为首选，然而白纸黑字，铁证如山，无论哪一方想赖，怕是都没那么容易；而电子版的信息却完全不存在这种风险，依然是动动指头儿，转瞬之间，便能让一切旧情人老相好统统地都告了消乏。这正是：曾因酒醉敲键盘，又恐情书累美人。

毫无疑问，凡是那口活儿好的——嘴甜的、舌头利索的、会说话的、爱撒娇的、会嗔的、懂哄的、善忽悠的、敢发誓的，都会在这场性资源争夺战中占据更大的优势，然而，虽则未必尽是“我口道我心”，但在谈情说爱一事上，“我手写我口”却断然是跑不了的。只是当纸质情书被电子情书取代之后，因为更便利、更快捷以及更低的成本和更高的互动性，从脑到手，已经让广大的用户们产生了高度的依赖性，从而一步步沦为一个个键盘恋物狂。沉迷其中的“活字中毒”者，难免忘本求末，再也记不起恋爱的初衷。

因此，我怀疑你女朋友很有可能是以上这种集体症候群的受害者——也就是说，她爱“爱情”胜过爱“恋爱”，爱“信交”胜过爱“性交”。欲拯救之，您得受受累，身体力行地使她明白这样一个道理：男欢女爱，搞男女关系或者搞男男关系以及搞女女关系，历来都是一个体力活。重口味的，自然要动手动脚，亲嘴摸屁股；小清新的，也免不了眉来眼去，拉手揪头发。“谈恋爱”、“谈恋爱”，仅仅就字面而言，至少也应该是个口活儿吧，切不可偷工减料，将它一概简化为手活儿，还是隔山打牛，各忙各的。无论你惯用的是简书、帛书、狼毫、羊毫还是硬笔，也不管你善使的是百度输入法还是搜狗输入法，文字功力再好，打字速度再快，微博客户端和苹果 ios 的 版本再新，文字和码字，充当的都只是淫媒和淫具而绝不是恋爱本身。谈恋爱固然涉及说话关乎文字，但毕竟这也不是在比谁的文字好，最终，还是得用有血有肉的身体来决出雌雄和胜负。

这事，就像 2D 版《肉蒲团》里的性学导师赛昆仑在教育未央生时所说的那样，“才貌”者，毕竟只是“药引子”。语言和文字，亦无非“才貌两件”：“就如药中的姜枣一般，不过借它气味，把药力引入脏腑。及至引入之后，全要药去治病，那姜枣都用不着了。”“男子偷妇人若没有才貌，引不得身子入门。入门之后，就要用着真本事了。难道在被窝里相面，肚子上做诗不成？若还本钱细微，精力有限的，就把才貌两件引了进去，到干事的时节一两遭干不中意那娇人就要生疏了。做男子的既然拼了性命偷着女子，也要与她心投意合相处一生半世便好。若要只图一两遭快活，为什么费这样心机？”

语重心长。且将单向的“男子偷妇人”改为“男子妇人互偷”或“相恋”，道理么，终归还是不变的。难不成在被窝里发短信，在肚子上发微博不成？即便你本事再大，资格再老，什么“谈笑风生”、“七步成诗”，什么“语惊四座”、“舌战群儒”以及“如来神掌”，就算新浪微博所有的勋章都让你拿了个遍，“姜枣”毕竟还是“姜枣”，都不能用来打真军的，不管你是一坨老姜还是一枚大枣——我的意思其实是说，最起码，如果你发现自己去邮局购买邮票的频率明显高于去便利店买避孕套的频率，这事的前景就相当堪忧了。

吮指下。

论小三上位和农民起义之间的关系

我是一个成功上位的小三。男人千好万好，就连床上也很棒。最开始每次都找个酒店，毕竟是地下状态，大家都很尽兴。后来过了明路，有几分温馨感觉，一起做饭看碟，床上也有默契。现在的情况是，我马上就要结婚了，但是我突然对他没有那方面的兴趣,最好一起抱抱就好了,他也发现了这个变化。我这是犯贱吗?我该怎么办呢?

这位小三——不不，这位“三进一”或者“三上一”姐，你不是犯贱，你只是犯困——是个人都会犯困，犯困的时候通常又比犯贱的时候多——但凡是个人，尤其是那些从恋爱步入婚姻，从偷情转入公开，也就是说，每取得这种重大的里程碑式的成果，同时也会失去一部分新鲜感，当事双方都会有些小幻灭、小倦怠。这没什么，难免的。

于常人常情，这毛病也不难治，重的闹上数月，轻的睡上几天，一般都会有显著的缓解或好转。然而，鉴于你“小三”上位的情史，这个问题就变得有些复杂起来。在某种意义上，这种复杂性还进一步让你产生了“犯贱”的幻觉。也就是说,那些本来“一起睡睡就好了”的小幻灭、小倦怠,在你这里统统都自动升级为“一起抱抱就好了”的阴冷。阴冷的原因，通常又较阳痿更为复杂。

不妨去想想电影、电视剧里那些搞地下工作的男男女女，每日每夜、每时每刻的出生入死走钢丝，那光景，要多刺激有多刺激。一旦革命成功，地下活动在一夜之间转为公开——即使我并不了解那些地下工作者的心里会不会也产生某种失落感，但至少在导演们看来，“天亮了”以后的那些戏，是断然没什么拍头的了。

想想别人，想想自己，从酒店开房变成回家上床，人还是那人，床还是那床，只是出生入死变成了出双入对，走钢丝变成跳钢管舞。前不见大婆，后不见小三，念天地之悠悠，独怆然而阴冷——不管你是不是真的、阴不阴冷，写到这里，反正我是感同身受地又阴又冷的。

本来，当你爱一个男人的时候，无论是在心理还是生理上，都会自然而然地产生双重的兴奋。而你的特殊之处在于，你的起点比别人高，打个比方，别人练习跳台跳水，是先从五米练起，你倒好，一上来就撒丫子直奔十米跳台，一个猛子往下扎——我不是要和你聊伏明霞和郭晶晶，我想说的是，在地下状态偷情偷人，那种不道德的犯罪感，猛烈刺激了原本就有的爱情愉悦，于是有了加倍的兴奋,而你现在的状况,只是回复到事情的本来面目以及回归到“合法”和“道德”的正常状态,你的“抱抱就好”,其实就是常人的“搞搞就好”。而这种正常状态之所以让你感到低落，皆因其间巨大的落差而起。

当然，除此之外也不排除另一种可能，就是在你的潜意识里可能觉得自己眼看着就要上位当大婆了，打败敌手之后，你拔剑四顾心茫然；而和那个被你成功拉下马的原大婆之间的角色互换，又让你产生出一种不真实和不安全感，甚至有些同病相怜，因为你自己马上也有可能需要面对另一个小三了。这种综合性的危机感，让你感受到一种前所未有的宿命性压力，压力造成了“抱抱就好”的性冷淡。

该怎么办呢？帮你掐指算了算，摆在你面前的出路，有积极和消极两条：一，建议你去重温郭沫若先生一九四四年三月十九日在重庆《新华日报》上连载四天的雄文《甲申三百年祭》，认真吸取农村包围城市并且破城而入之后的经验教训，要珍惜胜利果实，迅速调整心态，重新定位关系，莫被胜利冲昏头脑。

二，我并不是说小三上位和历史上的农民起义一样，都有不可避免的局限性和难以挽回的硬伤——对于某种复杂到一定程度的事，我会习惯性地倾向于说：“一个人有一个人的命。”能打江山的未必坐得了江山，南美的职业革命家切·格瓦拉，帮古巴人民搞暴动，推翻独裁政权之后，在新政府担任要职的格瓦拉同志就发现自己浑身上下不自在，终于还是选择了自动离职，去到其他国家继续搞暴动并且一直搞到死——你未必就是女版的切·格瓦拉，但很可能天生就没有当大婆的命。认了吧。

抱抱下。

屌丝失去的是锁链，女神失去的是项链

她是去年 1 月进单位的，12 月 31 日那天，她默默地辞职了。直到昨天我才知道，原来她要当我们董事长儿子的未婚妻了！公司里炸锅了，大家都在讨论她的年轻貌美与交际手段，竟然有本事在一年之内就把一个百分百的富二代搞上了手。这事本来和我并没有关系，但现在的问题是，三个月前她曾经与我有过一夜情，是因为聚会喝多了，女神也有亲近屌丝的时候，还让我至今都有非分之想。现在我该怎么办？该不该速速辞职，以免她杀人灭口？

这位亲爱的小屌丝，如果要把您的烂故事拍成一部爱情动作片（也可以略带一些伦理和商战的元素），我想那片名一定会是“我上了董事长的准儿媳妇”。王宝强演你，徐峥演富二代，女神么，自然非范冰冰莫属了。

片名虽劲爆，但归根究底，这事错不在你，因为你是在不知情的情况下和她一夜情的。一切不知情的一夜情都可以被自动视为什么都没有发生过——如果也要拍个电影的话，片名必须得是《一

夜不知情》。换句话说，如果三个月前的那个以酒乱性之夜，你是在明知伊乃董事长准儿媳妇的情况下率性为之，先起杀人灭口之心的，很可能就是你自个儿了。

当然，一旦事发并且闹大，道义上的所谓谁对谁错，就一概不怎么重要了。这就像一旦喝大了，就不会再有人去关心喝的是什么酒以及谁做东谁买单了。不过，事情即便不幸被踢爆，形势急转直下，呈现出“道义放两旁，恨字摆中间”的局面，你也不必过度紧张，无事不惹事，有事不怕事。在我看来，整件事情里如果一定要有一个人表示紧张的话，那个人也应该是范冰冰和徐峥而绝对轮不到你。光脚不怕穿鞋,屌丝何惧女神（以及富二代）？！我粗略地帮你评估了一下风险，简报如下：一旦事发，你方可能遭受的最大损失，无非就是丢了工作；比这更大的损失，无非就是以一种很难看的姿势丢了工作，并且而已;而她方（含他方）的损失，那可就大了去了并且有可能大到无可挽回了！什么夫妻失和，父子反目，大吵大闹，大打出手，被逐出豪门，被净身出户，家庭与公司一并崩溃，客户共员工双双流失，保安封门，跪地讨薪……

情况就是这么一个情况了。无论如何，你始终要记住的是，这在个游戏里，屌丝失去的是锁链，生铁的；女神失去的是项链，钻石的。杀人灭口不至于，求人封口有机会。辞不辞职什么的，也不急，找到满意的下家再说。再说，非走不可的话，也得把年终奖领了再走不迟不是？再再说，她前脚默默地辞职了，你后脚默默地跟进了，这一前一后的，不是成心给自己招惹口舌么？实在看不出有这个必要。

大是大非都已在你面前一一摆明了，最后必须严重警告你的是，人家没必要害你，你更不可把这事当成一个“劫材”来用。至于“至今都有非分之想”，这个嘛，也不是完全不可以有。对于这种事，虽然我老人家一贯的基本态度是不反对也不提倡，但是对于屌丝来说，剥夺其“非分之想”的权利实在是过于残忍，因此，我批准你想，你想吧，随便想，放开了想，多非分都行，想想过了七周之后，董事长大人知道了你和他儿媳妇曾经有过一腿之后害怕得要死但本着家丑不可外扬的原则而苦苦哀求你收下一大笔封口费并且提升你为公司总经理；又过了七个月以后，她大了，她生了，她生下来的那个富三代、那坨公司法定继承人，不仅眼睛像你眉毛像你而且从五官到三观都像足了你；七年之后，七年前你曾经极度担心的“杀人灭口”的一幕终于发生了，不过死的是富二代和董事长，女神应无恙，夫家死光光，女神归你，儿子归你，公司归你，什么都归你……

爽到了？那就好，那就早点睡吧，明天一早，别忘了准时赶到公司打卡。乖。

上闹钟下。

别让五官毁三观

太太去年给我生了个儿子，是个白白胖胖的龙宝宝，这本来是件大喜事，但随着时间的推移，这个龙宝宝让我越来越高兴不起来，因为他长得也太不像我了啊！不像我也就算了，就连他妈也不像。下个月，马上就是他的周岁了，生日酒肯定要摆的，但又怕亲戚朋友们闲话。这件事,已经从我的心理问题变成了家庭问题。求解救！

这位龙爸，有道是，物似主人形。物且如此，人何以堪？然此事虽可大可小，但终觉您的担忧也未免来得过早。你家龙宝宝才刚满周岁，人形方成，没长开，还远没到下结论的时候，尚不足以成为您的心理问题和家庭问题。您若是觉得这里面非得有点什么问题不可的话，顶多也就是个遗传学问题，一个化学问题。

说到化学问题，就不能不和你一起来温习一下由北京大学周其凤校长亲自作词的北大“神曲”《化学是你，化学是我》先：“化学究竟是什么？化学就是你；化学究竟是什么？化学就是我。化学究竟为什么？化学为了你；化学究竟为什么？化学为了我。父母生下的你我，是化学过程的结果；你我的消化系统，是化学过程的场所……即便你我的喜怒哀乐，也是化学神出鬼没。”诚如周校长所言，“父母生下的你我，是化学过程的结果”，相貌，的确是化学过程的结果，但只是其中的一部分，除此之外，基因的遗传还包括身高、胖瘦、肤色、智商、性格和行为等等。正所谓“龙生龙，凤生凤，老鼠生儿会打洞”——“会打洞”指的就是鼠辈们特有的一种习性，将它们与猫咪区分开来的，除了身材和长相，还必须包括这个。也就是说，长得像不像固然是一个因素，但绝非全部，您还得看他的习性是不是像您，谨以“打洞”来试举一例：设若您酷爱打高尔夫，如果您的儿子日后也对此表现出浓厚的兴趣和神奇的天赋，那就足以弥补你俩在“长得不像”上的不足了。

另外，在受孕的那个化学过程中，你的精子和你太太的卵细胞在那场大融合与大分裂的风起云涌、步步惊心的惊涛骇浪中，具有遗传效应的DNA片段可能会发生突变，从而导致确保亲子“长得像”的染色体发生重组和突变——你能保证这种事在两年前那个月黑风高之夜就完全没有发生在你的体外和你太太的体内么?

受精卵之外，人的模样还受后天环境的影响：身高和胖瘦，与亲子不同的营养状况有关（比如你当年吃母乳你儿子现在吃奶粉，又或者你当年吃国产奶粉你儿子现在吃进口奶粉），而亲子间的智商遗传，除了奶粉之外，还会受到各自接受外界信息的干扰（比如你从幼儿园到初三都最爱看孙悟空，你儿子从断奶之后就一直痴迷苍井空），等等，都会相由心生、从内而外地导致亲子间在举手投足间的巨大差异。

亲子间的像与不像，其实也很主观的，和基因遗传一样，人的判断力也会受到各种因素的干扰。前几年，我在网上看到宋祖德贴图声称李天一不是李双江和梦鸽亲生其生父另有其人时，左左右右端详了半晌，手一滑，就加了宋祖德的关注，抬头瞄了两眼新闻联播之后，又果断取消了。

总而言之，长得像是情理之中，长得不像也绝不是意料之外。龙生九子，还子子不同呢，何况您才只生了一个。退一万步，就算你家龙宝宝充分地长大、长开之后也不像他爹他娘，也无所谓，只要别长得太像什么熟人就行；万一不是亲生的，不是什么“亲”们生的就好。

至于旁人的闲话，这个就像生男生女一样，你控制不了的，如果你的心理承受力不够强大，实在受不了，化学说服不了你，那就只剩下物理学的笨办法了：你们做家长的去整容，对，就按你儿子的模样整，找韩国最贵的大夫整。不过后果是必须自动拆迁，改行业，换头像，远走他乡，隐姓埋名地了却余生。但无论如何，除非你是李嘉诚，亲子鉴定这件科学的蠢事你一定别去干，连想都别想，因为不管结果如何，都会很伤感情的。千万不要让五官毁了三观。这不科学。慎重。

照镜子下。

您是在求偶，不是在求职

自开始恋爱以来，我发现自己一直都对男性的某些职业特别在意，准确地说，是有一种偏执，我会特别钟情于从事高技术含量工作的技术男，比如IT男、飞行员或者各种工程师等等，他们无一例外地都会让我意乱情迷。除此之外，哪怕是再优秀的，我都基本无感。因为这种偏执，我已经谈崩了三个以上在各方面都堪称优秀但可惜其职业毫无技术含量的男人了。是我的恋爱观有问题，还是我的心理有问题?

这位“求职”姐，男性的某种特定的职业身份究竟会不会给女性带来心理和生理上双重的“意乱情迷”——要解答您的疑问，我只能反求诸己，即以“女性的某种特定的职业身份究竟会不会也让男性‘意乱情迷’”自问了。

回顾一下个人成长史上先后让我“意乱情迷”过的那些女性职业角色（排名按时间顺序有分先后），计有：女特务、女土匪（因为妖艳，因为邪恶），女战士、女公安、女民兵（因为她们都想杀死女特务和女土匪），女赤脚医生（不是因为她们赤脚），等等。至于女理发师、女跳水队员和女子篮球运动员，纯粹是因为王丹凤和电影。当然，同样也是因为电影的，也不能不包括后来的护士和空姐。

论职业之种类，虽然还不至于繁多到求职网站的程度，不过，就算是再丰富、再多样，那一道道在无数个暗夜里让我“意乱情迷”的明媚春光，无不起于电而灭于影。电影院之外若遇“意乱情迷”者，实在是顾不得什么职业不职业的，换句话说，求上班地址的欲望远强过问上班性质一百倍。

不管是女特务还是女公安，男程序员还是男飞行员，因职业而导致的“意乱情迷”，可能皆因职业所能带来的想象空间而致。想象的空间有多大，“意乱情迷”的维度就有多广；对某种特定职业的共识（刻板印象）有多深、多一致，它能导致“意乱情迷”的想象素材就有多乱、多各异。某种意义上，与其说我们爱这些职业，在“社会表演”（social performance）的意义上，倒不如说我们更爱这些职业在我们大脑里激发出来的想象力。

这种想象力对于爱欲的唤起和激发，作用不可小觑，听听这故事：一熟人，经营婚恋网站，线上成功撮合男女无数，经验丰富。因欲扩展业务，乃读 MBA，乃结识“钻五”一堆，后者皆有求于他，提择偶要求各种。这些为了事业而牺牲了个人最佳婚期甚至最佳育龄的男同学，论见识论境界，就是非同凡响。比如，白不白？不重要；美不美？看眼缘；富不富？无所谓——最看重的是：互相理解，有共同语言。

一来二去，此名媒终于发现，为成功人士做月老，实在是知难行易，全无挑战性：因为说到最后，谈深了，千言万语总是会自动归结为同一句话：“要不，你还是帮我物色一明星？二线不拘，三线也行；或者，电视台女主持人或者出镜记者也无所谓啦。”

外行看热闹，只道是男人尤其是财务自由男，选女的无非图好看，要面子；内行看出来的门道，则无非是因为她们的职业便于及善于扮演各种不同职业。她们扮一行，他们爱一行。

虽然“意乱情迷”也有可能导致真爱，但基本上仍属于消费性审美层面。

因而，我不能据此批评您的恋爱观有问题，更无法认定您的心理有病，我能做的，只是给你看看从前的、常见的现代经济独立女的择偶标准。1931 年 7 月 6 日的上海《民国日报》登出的《一般女士征求如意郎君的标准》：一、面貌俊秀，中段身材，望之若庄严，亲之甚和蔼；二、学不在博而在有专长；三、高尚的人格；四、风姿潇洒，身体壮健，精神饱满，服饰洁朴；五、对于女子的情爱，专而不滥，诚而不欺；六、经济有相当的独立；七、没有烟酒等不良嗜好；八、有创造的精神，有保守的能力。

你看，除“有专长”（泛指有一技之长者，并非今天的“专业人士”，更不是您情有独钟的“高技术含量职业”），无一与具体职业有关，倒是颇有大宋年间独立婚恋专业人士王婆的“潘驴邓小闲”之古韵。

无论如何，始终不要忘记，您是在求偶，不是在求职。最后，请容我多一句嘴：现如今，科技一日千里，除军用飞机驾驶员这种高技术、强体力的职业之外，要把一枚普通的民用飞行器在空中从 A 地开到 B 地，基本上是靠电脑在自动驾驶，论技术含量，虽不至于能和下飞行棋相提并论，但实在是没有您想象的那么高了，某些对自己有要求的飞行员，在巡航过程中甚至都会觉得无聊。另外，我还听说已经有不少专业充水军或僵尸粉的屌丝也开始公然以“IT 男”自称了。

无技术含量下。

怎样才能找不到男人？

今年过年，我相亲了三次，有的甚至让我产生了：老娘这辈子不结婚了！男人实在太矬了！我现在不是要来和你讨教怎么能够找到男人的问题，而是在那样的场合怎样能让我扬眉吐气的问题。那次，我在去之前就被打了预防针，对方身高刚过170。其实我也就160。结果我一走进那个包厢，对方居然没有站起来！！！他是坐着迎接我的！！！这还是在周围介绍人各自有两个的情况下，只有他是坐着的！！！我当场就有点憋不住了，坐下之后，我居然气晕了开始点了一瓶葡萄酒，然后干脆摸过其中一个介绍人的烟抽了起来。现在节过完了我觉得我有点火过头了，想问问以后还有这样的2B男，我该怎样优雅地甩一个耳光过去？

这位惊叹号女侠，其实不用您提醒我也能看明白，您肯定不是要来和我讨教“怎么能够找到男人”的问题，您要和我探讨的，乃是“怎样才能找不到男人”的问题。不是吗？

关于“怎样才能找不到男人”一事，听上去虽然有点自暴自弃（或者自视甚高），但细细一想，这问题实在并不比“怎么能够找到男人”更好回答，因为这两件事都不能以一方的意志为转移，也就是说，既然要“找到”或“找不到”的同一以及唯一目标都是“男人”，那么这件事的成功率，百分之五十还得取决于“男人”。您说是这个理不是？

我本来想说的是，与其怪那些男人太矬，还不如怨您的介绍人太矬。本来我还想说的是，既然是相亲嘛，谁能保证相亲必然导致相爱？一相就亲，百相百亲的，那不是相亲，那是相思，那是相声。就算相亲失败，就算屡相屡败，无论在逻辑上还是情感上，貌似都应该导致你对“相亲”这种形式的失望，只要还想要男人，以后换个方式就行，而不一定要得出“再也不相信爱情”的推论。但既然您更关心的是“如何才能只相亲不相爱”，既然您的动机和目的都纯洁到只是“欲在那样的场合扬眉吐气”，那么，咱们就照着“一切不以结婚为目的的相亲都是耍流氓”的路子来。既然您铁了心要在今后的各种相亲场合大耍流氓，咱们就耍个爽的，耍个炫的，而且绝不耍无准备之流氓：来，让你的介绍人去找个比上一次更矬的来！比如，你的身高 160，就找一个身高刚过 120 的；又比如，您恨上次那个不肯站起来迎接您的渣男，就关照介绍人下次务必弄一枚只要见到异性就坐不下去而只能一直站着的怪咖（不能坐也不能站只能跪着或趴着蹲着者优先）——到那时，您的两道娥眉怎能不扬？你的一腔霸气怎能不吐？您的大气场能不 hold 住全场？您闪闪发光的女王样又怎能不牛逼得光芒万丈呢？

亲，现在就闭上眼畅想一下吧，在某个春光明媚的午后，在某个华灯初上的夜晚，在某个优雅的咖啡馆，在某个华丽的饭店，到那时，“优雅地甩一个耳光过去”又算什么？拳打脚踢还只算是客气的！至于“点了一瓶葡萄酒”以及“摸过其中一个介绍人的烟抽了起来”之类就更不在话下了，您不仅可以喝酒，喝葡萄酒，还能喝二锅头，还能用酒瓶砸丫的;您不仅可以抽烟，还能抽大烟，还能用烟头烫丫的。总而言之，如果您是白富美，就定制一个穷矮矬。那样，您就可以放手将对方尽情凌辱，肆意践踏，想怎么虐就怎么虐，一直把对方虐到不成体统，虐到不成人形，把自己虐到视线模糊，虐到不能呼吸。

话说到这份上，我想您大概也看明白了，虽然“破锅自有破锅盖，傻 B 自有傻 B 爱”以及“野百合也有春天，冤猪头都有蒙鼻菩萨”这种事也时有发生，但是对常人而言，不管是在相亲还是相爱活动中，男女当事人在各方面最好还是能般配。世上并没有绝对的女神和永远的屌丝，女神和屌丝都不能孤立存在，他们只能在比较和互动中确定各自的地位。能让双方都感觉愉快（至少没有不快以及至少不会不快到您的那种程度）、愉快并且和谐到男女双方包括双方介绍人都一致感觉到可以愉快地互扇耳光的相亲活动之唯一成功要素，就是男女主角在包括外表在内等各方面能做到大体般配。要有多般配才会得善终呢？以下是我今天早上坐在马桶上转发的一条微博，录下来你随便感受下：“有些情侣注定是会在一起一辈子的，我能看出来，因为他们给人的感觉就是除了对方再没人会喜欢他们俩了，真的。”

真的是真的。所以，最后我还是忍不住真的要弱弱地问一下下：除了身高 160，你本人的其余条件，包括五官正不正，身材辣不辣，皮肤白不白，胸部大不大，等等。如果以上各项的答案皆为“不”，那就算你白问，当我白说。

只扬眉不吐气下。

我的前任现在是我男同事以及我女同事的老公

说实话，当年也不是我先出轨的，两个人都明白无法更进一步。现如今，他先是有了女友，再是转正成为老公，现在，更是成了准父亲。我有点觉得，他并不想放过我，他不断和我表达依然只爱我一人，我在他心目中无人能够替换，然后又不断地秀恩爱片段和恩爱成果给我看。悔不当初，好好的干嘛要和同事谈恋爱，如今两人都算中层领导发展前景一片大好都不太可能离开单位。其实我现在日子过得也挺好的，尽管现男友是别人的老公，但我很满足——但这样地秀下去，我就心理不平衡了。

这朵奇葩，如果“我的前任现在是别人的老公”是你故事的名字，倒也没啥奇怪，任谁的前任，离任后不是成了别人的老公就是做了别人的老婆，都不可能闲置。然而，你这个剧情，据老夫看下来略微有些小复杂，于婚外恋之外别有前情，在办公室之内另含奸情。且容我梳理复述一遍，你看看是不是这个样子的：

“一个男的，有外遇；那个外遇，是个女的；那个女的，是你；

而你，又是那个男的之前女友；那个男的和他的老婆，都是你单位的同事。”——我归纳得没错吧？大体是这么回事吧？这么一来，故事的题目貌似就应该扩展为“我的前任现在是我男同事以及我女同事的老公”。

previous on 你的烂故事：那个人夫，当初是你的男友，不管当时发生了什么，总之，你俩就是散了——上一季的剧情到此为止，新一季的故事这样展开：一段时间之后，他有了女友，继而成为老公，继而成为准父亲——这一切，都发生在你的眼皮子底下——到这里，戏肉开始露出：在她的眼皮子底下，你俩又重新勾搭上了——千万别说是他“不想放过你”，也不用急着申辩是他主动勾搭的你，一个巴掌拍不响，广大读者的眼睛都是贼亮贼亮的：他勾了，你搭了，我们信了。其实就连你自己不是也供认不讳了么:“我现在日子过得也挺好的，尽管现男友是别人的老公，但我很满足。”

那么好，我们就来探讨一下这出狗血剧的第三季剧情走向吧。你俩在她太太的眼皮子底下偷偷摸摸，勾勾搭搭，她没发现，你不介意，你本来还是很满足的，只是因为他不停地在你面前秀恩爱，让你越来越不爽，觉得心理不平衡了，介意了，于是寻求解决方案——本来，我是想站在伦理高度和你分析一下这段奸情的大是大非的，但问题是你自己挺满足这种状态，你自己无所谓，甚至还挺享受，而你唯一的不爽，并不是因为他是有妇之夫以及其妇乃你同事,而是他在你面前将他和老婆的恩爱大秀特秀。既然如此，我也就不好多说什么了，只能就事论事，和你探讨一下如何才能有效阻止他大秀恩爱的技术问题了。

阻止他继续秀恩爱，方法有二，无非下三滥的恐吓。其一：下一次在床上，事后，他抽着事后烟，你吹个枕边风：“微博上刚看到张爱玲奶奶说，秀恩爱，死得快。哎呀你再看，杜月笙爷爷也说了，要想死得快，侬就秀恩爱。还有还有，白岩松叔叔说，恩爱不秀，死得不快。嗯，我觉得他们仨说得都挺有道理的，嘤嘤嘤……”

其二：也是床上，事中，突然从枕头之下拔出手机，咔嚓几响之后，高举手机对他发出严正警告：“再秀恩爱，我就要向你老婆秀我俩的恩爱了！”

如果张爱玲、杜月笙和白岩松（你也可以视情况而选择是不是再加上李开复）这三大杀器都无法阻止他，沈宏非也只能帮你到这里了。欲求大解脱，上一回你是出轨，这一次你该越狱。实在是太遗憾了，本来就是一个寻常的劈腿故事，却让你们生生地演成了一场大劈棺。

最后，如果你觉得“我的前任现在是我男同事以及我女同事的老公”这个名字就像“新闻出版广播电影电视总局”那样失之冗长繁琐，咱就改叫《秀恩爱，死得快》好了，这是多么地符合“爱情和死亡”这两大永恒的主题啊！

跳水下。

男朋友勾搭上了“微博小秘书”？！

我和我男朋友异国恋，我们是几年没见了，三个月前在网上聊着聊着就在一起了。我们都是大四的学生，在一起之后，我发现他微博加了很多女生，有几个女生几乎每条微博他都会去点赞，然后评论。其中还有一个他差点在一起的、俗称备胎的姑娘的微博，他还天天去点赞，然后他只要评论，那姑娘也很奇怪，和他正常的交流之后过不久那条微博就会被删掉或者是他们的对话被删了，但他还贱兮兮地常去评论。那女孩发了条旅行的微博，他在下面回“什么时候一起去玩”，不过马上就被那女孩删掉了哈。除了这条有点暧昧的评论，其他评论内容也很正常。但一个大男人整天到处给姑娘微博点赞还评论，我就很不爽又不能说什么，这样显得把他看得太紧了不是？沈爷这人是不是不靠谱啊？

这位博主，天天上网玩微博，但主要是看别人的，重点是观察和分析别人的发帖、回帖以及删帖情况——您的工作，让我禁不住要弱弱地问一声：您，莫非就是让万千网民又爱又恨的传说中的“微博小秘书”真身么？“微博小秘书”竟然是个大四学生？她还真的是一个女的啊？原来还有感情问题，还异国恋？啧啧啧！

不管您是不是微博小秘书，我都觉得您男友基本是一个正常的博主，人品也没什么大问题，只是“网品”上有点儿小十三点而已——对，就像您说的那样，有点儿不靠谱。但总的来说，微博本来就是一个社交网络，社交媒体，既然玩微博，玩的就是社交，除了自己发博求评论，也要勤于在别人的微博下留下自己的评论。这应该是所有能上和不能上的社交网络上的基本礼仪吧。

再打个不太恰当的比方，这事儿，就好比遛狗。一路之上，凡行经的每一棵树和每一根电线杆子之下，一条正常的狗都会翘起它的狗腿子多少撒上一泡——千万别生气，正因你男朋友给别人留的评论都是“点赞”,所以我才胆敢以“遛狗”为例,也就是说，那一泡泡的狗尿，对狗对树，都是极好的，满满的都是温暖的正能量。至于微博上那些张口就骂的主儿，那是绝对不配用狗来打比方的，那些人渣，就是晚饭吃撑了一个人上街遛自个儿，出门前先酝酿了一口小痰，一路含在嘴里，越含越大，对途经的任何树和任何电线杆都无要求，只是在实在含不住时，不管经过哪棵树哪根电线杆，“啊呸”一声碰巧就吐那儿了。

不要担心，你男朋友的行径基本正常，属于网民里的良民，如果您真的是微博小秘书，大可以徇个小私，给他颁发一个闪闪发光的良民证。

至于他“微博加了很多女生”、“有几个女生几乎每条微博他都会去点赞，然后评论”等等重女轻男之行径，虽不失大体，但小节上的确有些小怪异，也就是说，这就好比一只在“一株杨柳一株桃”的西湖苏堤上被遛的狗狗，它只在柳树下撒尿马克一记，而对桃树却采取果断无视的态度。“一个大男人整天到处给姑娘微博点赞还评论”虽然是他的十三点表现，但又正如您所言，绝大多数“评论内容也很正常”，所以，你也只能这样开解自己了：这条狗狗虽然在选择撒尿场所上有些奇葩，但它的尿本身还是属于正常的、健康的、正能量的狗尿。

至于让你特别敏感的那一条，在我看来也没什么，这表明他这人很正常，没啥心计，挺阳光的（其实你有没有发现绝大多数的十三点看起来都超阳光的哈）。他没问题，有问题的倒是那个贱兮兮删帖的姑娘，活该她当备胎，能当成备胎而没有当上千斤顶，还是她的福气。

综上所述，你男朋友在网上的行为只能说明一件事：他喜欢女的，他不喜欢男的——至少在网络上，他只喜欢女的。除了这个，再无任何意义。事实上，与他的网品相比，更不靠谱的乃是异国恋。我不是说异国情鸳必死，我说的只是个空间和距离的问题。除了像马来西亚和新加坡这样的“异国”以及孔夫子当年周游的“列国”之外，地球上现存的大多数“异国”，都不能算是谈恋爱的好场地。就算你们是同胞同族同城同村，只要分处“异国”，都断然结不出什么善果。异国无真爱，弱国无外交。“异国”这个刚性的地理概念，很快都会把你们软性的恋爱变成历史并且无情地扫入历史的垃圾堆。网络虽然在表面上给异国恋拉近了距离，然而恋爱并不只是写写微博、发发私信什么的就能满足的一种渴望，社交网络也只是提供了一个勾搭的平台，但欲“成奸”，还是宜日日夜夜没完没了地以实体的方式腻在一起为佳。真实的恋爱是肉感的，真正能“在一起”的，是两具肉体而不是两个ID。网络造成的那种“天涯若比邻”的假象，与其说是“若比邻”不如说是“弱比邻”，而那些个“邻”，也都是高层公寓里老死不相往来的邻居。

你的紧张和敏感，皆因你们当初就是“在网上聊着聊着就在一起了”之始乱，要知道“聊上了”并不等于“在一起”了，毕竟你们不是在玩同一个网游，那种“在一起”的假象是掩不住你内心的虚弱的，只有当你们的肉身像黄鱼鲞烧肉那样扎扎实实地“在一起”起时，对他（其实是他的ID）在网上的种种十三点表现，你的内心就会强大到予以彻底无视了。非但如此，在你的眼里，他的那些十三点阴影，届时说不定也都会自然而然地变成让你热烈追捧的无比灿烂的“阳光”了。

撤腿下。

公公身上恼人的异味

和老公结婚三年，结婚之前就知道老公家里有这个（狐臭）……但没在意，心想这个跟爱情比算什么啊！不住一起就是了。事实证明这想法很傻很天真。结婚后一直住我妈妈家，后来坐月子到婆家。这期间我闻到公公身上的臭味，我公公人还好就是狐臭太厉害，五米外都能闻到，夏天尤其厉害，但想到家庭和谐就没跟老公讲。现在新房正在装修，我让老公带公公去看看吃药也好手术也好，不然一屋子都臭，没想到老公大发雷霆说："你不是就想赶他们走吗？这个时候都嫌弃，别指望他们老了你能孝顺了。挺能找借口的。"我又气又心寒，现在天气热了味道越来越大，我真受不了，后来和他吵过几次。他都是不相信，说自己没闻到，说我冤枉他们。后来我实在没办法，跟他说他家邻居也知道的，他竟然说要找人家算账。请帮帮我，我该怎么做，该离婚吗？我都快抑郁了，老公根本不信任我，我觉得婚姻没意思，想离婚算了又舍不得孩子。又怕孩子也遗传，以后抬不起头。我好怕朋友到我家做客，怕人家闻到丢人。我该不该离婚啊？

这位挨熏姐，您说得好，跟爱情比，狐臭算什么啊？只要有爱，再臭的狐臭都能变成顶级的香熏，两个人终生厮守在西伯利亚的千年老狐狸窝里都会幸福——这个我信，但问题是，这个判断欲得成立，离不开一个必要的前提条件，即只有当苯基乙胺和多巴胺这种被俗称为“爱情荷尔蒙”的化学物质在你大脑内像一罐加了曼陀珠的碳酸汽水那样喷泉般狂喷，方能有效地抑制或掩盖由微生物、有机物合成的短链脂肪酸透过另一个人的汗腺所释放出来的那股人间至味。

所以，如果狐臭来自你老公，我会无条件支持你，必须治！必须施行外科手术（手术剥除腋下顶浆腺的治愈率据说已达百分之九十）。他若不从，你就给他指两条道：一，请他在你们婚后以及你的产后务必保证能时刻激发出你大脑中的爱情化学物质并且让它们如热恋时那样像方程式赛车颁奖仪式上的香槟般泉涌；二，否则，就坚决请他夹带着他的狐臭，滚粗。

问题是，熏着你的那个人不是你爱人，而是把你爱人生出来的那个人。按说，公公是长辈，你又是住婆家，虽然也喊他一声爸爸，毕竟是住在别人家，不仅做客，还是个小辈的客人。因而，我认为你间接地要求主人家和老人家去吃药做手术，是不太合适的。难怪你老公要发火。再说，他老人家都臭了大半辈子了，你婆婆是不是已经习惯了不好说，但他就是再臭，也轮不到您这个外人来管这个闲事对吧？

再者，据百度知道，狐臭这种皮肤代谢性疾病，多高发于青春期，是内分泌过于旺盛的结果。你公公一把年纪还臭成“十步杀一人，千里不留行”这种，正应了“老尚多情或寿征”的老话，老尚狐臭，说明他身体硬朗，您作为晚辈，应该倍感欣慰才是。你要尽量把人往好处想，把臭往香处闻——你公公是有多善良，多慈爱！人硬是没把自己的狐臭遗传给他的儿子你的老公，他容易么？！除了长了一个敏感的鼻子，你也要怀着一颗感恩的心。毕竟他是你公公而不是一个什么垃圾焚烧或者 PX 项目，抗议是解决不了问题的。

好在你也只是在婆家坐个月子而已。如果你并不打算把月子过成日子，事情其实再简单不过，就像你自己说的那样，“不住一起就是了”。月子一出，你就带上孩子来个夫妻双双把家还，除非你自己家和你婆家相距不到五米，否则，哪怕是再热的天，也就是他臭他的，你香你的，互不干涉。惹不起还躲不起么？以后见公婆，也尽量安排在秋冬季节好了。

当然，如果你正在装修的新房以后是打算和公婆同住的，那么，就是另外一回事了。对于那种事，我要果断正告你的是：不要！不管你公公有没有狐臭以及你婆婆是不是香香公主。

不就是狐臭嘛，不至于抑郁（理论上，包括狐臭在内的各种异味，生理上是不会让人抑郁的，只会起醒神的作用，某种意义上还是抗抑郁的呢），更犯不上去想什么离婚，你公公又不是要扒你的灰。也不要再给你老公压力了，又据百度知道，精神或神经系统受损（如偏执狂、精神分裂等），也会导致狐臭。一旦你老公被你搞到发火还发狐臭，事情就大条到无法收拾了。

捂鼻子下。

净身出户？只净上半身就好！

我和老婆结婚已经二十一年了，孩子也二十岁了，刚结婚那几年夫妻感情还算可以，但后来我就感到和她性格不合，经常吵架，吵架后就冷战，就这样一直持续了好多年。好多年来我一切都忍了，唯独就是不能忍受她和我分床睡觉这事，现在她已经和我分床睡快两年了，夫妻生活也没有。今年我认识了一个离婚女人，见了几次面之后，彼此竟然互相爱上了，现在她已经怀上我的孩子，老婆已经全都知道了，说如果离婚的话，就要我净身出户。可是，我真的怕净身出户，那样我就什么也没有了，变得一无所有，我怕过苦日子。她呢，现在天天逼我和老婆离婚，早日和她结婚，她说如果不和她结婚，她就想死。哎呀，现在，我头痛，真不知道怎么办才好。如果选择和这个女人结婚，我至少要苦五年，因为她没有正式工作，还要买房子，可是，我是个怕受苦的男人，不敢做这个选择。如果选择不离婚，我又不甘心，因为没有共同语言，没有性生活，婚姻不幸福。我很纠结，求解惑！

这位大叔，二十一年，三个七年之痒，前两个，你都忍过来了，这第三个，到底还是没能忍住，你挠了，而你这座老房子，不经挠，眼看着还是被点着了。

关于老房子着火的事，我见得实在太多，比房地产经纪这些年带我见过的没着火的老房子还多。火的起因和火势以及过火面积虽各有不同，但唯一能共享的泪点是：男的，老好人做了半辈子，突然发作，不管不顾地叫嚣着要净身出户，外面那个女的，虽则逼他离婚逼得也紧，但所图者却不完全是他的老身，更包括他半辈子积累的财产。结果，往往是鸡飞蛋打，男人连本带利一起赔清光，从此偃旗息鼓，一蹶不振。

相比之下，你的情况貌似不同，即外面的女人只是逼你离婚，而你并不接受净身出户，然而，她有没有和你谈过财产的事，有没有提过无正式工作的她和无正式财产的你婚后的日子要怎样正式地过、房子要如何置，最重要的是，她肚子里的那个爱情的结晶（或奸情的结石），今后要怎么去养？用爱情吗？

这些事，尽管你没跟我说，就算她也没跟你说过，但是，以我个人的观火经验，相信她不可能不顾及。怕过苦日子的人，并不只有你。就算她现在嘴上不说，心里还是会想的；就算她真是一条女汉子，今后能协助或带领你一起白手兴家，但这条女汉子毕竟还是一枚女汉人。在这种事情上，凡汉族女子，绝对不会令你失算的。

就算她真的义无反顾地要跟着你过，但是，一个是七零后（或者六零后？）被净身的大叔，一个是无正式工作的离异妇女，这两个人的二婚生活之苦，苦不苦，想想萨达姆。就苦五年？不，你们苦不起，输不起，也等不起，虽然总会等到苦尽甘来的那一日，但只怕是甘来之时，在老房子早已冷却的余烬之中，你俩已是无福消受了。又是何苦？要是她没怀上你的孩子，事情倒也相对好办。我的意思是说，一哭二闹三上吊这种戏码，终归都算行货。一旦带上了孩子，分分钟一尸两命大狗血。

你苦，你没有性生活，你怕过苦日子，这些都值得同情和理解，但是再苦再累，千错万错，你就不该让她怀孕。大叔，请问避孕很困难么？请问避孕套很昂贵么？无视避孕套的结果，就是终生被套牢。你以为自己是谁？张艺谋？两年没有性生活，难道就会把人憋成脑残么？

更无法谅解的，是你完全没有意识到事情的严重程度。你现在面临的，不是什么“麻烦”，而是一场灾难；那个灾难的等级，更不是什么让你“头痛、不甘心、很纠结、求解惑”——你明明已经摊上了大事，却还以为只是摊上了煎饼。

为今之计，你已无路可退，唯有去求你原配发个善心，怜悯怜悯那一头的大肚婆和孩子，也就是说，对于你的净身出户，尽量手下留情，不要净得太干净，许你多少带些细软出门。我这么讲，是因为想起了古代皇宫里也有过类似的事，即准太监家人向刀手行贿，就可以获得“不彻底的净身”，把根留住，以待来日春风吹又生。平日里还要把宫里头上上下下关系都打点好，才能躲过每年的年审。明朝大太监魏忠贤，据说就是这方面的成功人士。不过，以你的智商、情商和人品，我估计机会不大，最多，她只会让你把原先就分给你的那张床带走，心情好的话，兴许还会包括一部分床上用品。

你的未来不是梦。净身出户、另立门户之后，因你新妇身怀六甲，估计有一段时间你也不会有性生活了。瞧瞧，别人净身出户，净的都是上半身，你倒好，上下半身一发都净了。往后的日子，上半身下半身，全身都是苦日子。

恸哭下。

他曾经喜欢男生，后来喜欢女人，但不想失去我

我很爱很爱他，我虽不是什么大美女，但也算得上是一小清新吧！因为工作的关系我们一个月只能见上一两面，这样的精神恋爱也正是我想要的，可是恋爱期间他的行为让人很不理解。按理说我这样的女孩配他已经算是他中了大奖，可他倒是爱答不理的，短信少得可怜，电话压根儿没有，我跟他谈过几次，他总说工作太忙，考研究生很忙，我竟然无底线地包容他。这两个月更是离谱，假期他自己去了外地，两个多月也没见上一面，我终于忍不了了，找他问个明白，百般追问下他才讲出他曾经喜欢男生，后来喜欢女人，但他不想失去我，但又怕辜负了我……我心都碎了，多希望这一切都是玩笑，尽管如此我还是脑残般地爱他，现在我真的不知道该如何是好。

这位小清新，这个，我们是否可以把最让你心碎的 gay 的问题暂时搁置，先来探讨一下最让你心醉的精神恋爱问题好不好？

既然这种“一个月只能见上一两面”的精神恋爱正是你想要

的，那么，看结果，至少是阶段性成果，你好歹也算是求仁得仁了。然而古往今来，人畜两界以及跨界的一切精神恋爱之必然结局，其无一例外地必定都会超越精神恋爱而升华为神经恋爱。世界上或许会有“自从得了精神病，整个人精神多了”这种事，但“自从谈了精神恋爱，两个人都精神多了”那是不存在的。还是广府话说得好，食得咸鱼抵得渴。你有怪莫怪。

为什么要先讨论精神恋爱？因为在你的故事里，精神恋爱是因，心碎结局为果。看世间，两条腿的直男满坑满谷，狼奔犬突，为什么碰到那种奇葩的偏偏会是你？原因其实很简单，因为你爱精神恋爱，于是你无意识或者有意识地寻求能满足你这种爱好的恋爱对象。凡寻找，必找到，皇天不负有心人，

终于让你找到了这粒少油少盐无味精以及少短信无电话不见面的精神恋爱巨星。于是自然而然地从“一个月只能见上一两面”发展到“两个多月也没见上一面”——要知道，那些耽溺于肉体恋爱的庸俗直男，是绝对做不出这一番惊天地泣鬼神的壮举的。只要一刻尚在热恋阶段，别说什么工作很忙，考研很忙，就算是辞职，哪怕是罢考，也必定要不顾一切地飞奔过来和你天天厮混在一起——所以，姑娘，先别说什么搭上“你这样的女孩他已经算是中了大奖”，照我看，中了大奖的应该是你。上天待你不薄。

另一方面，对他来说，因为对自己的性取向不很确定，尚在犹疑彷徨之中，一旦遇到你这种对精神恋爱坚信不疑的，这事即便不能称之为雪中送炭，至少也是骑驴找马的不二之选。王八看绿豆，对上眼儿了。其实，精神恋爱或者像你这样酷爱精神恋爱的，某种意义上也是一种很 gay 的行为。

对于他的或 gay 或 bi，如果你做不到能屈能伸，还是急流勇退，趁早放弃的好，省得以后麻烦，麻烦就来自他对你坦言的那种“不

想失去你，又怕辜负你”的暧昧，也就是说，他这个 gay, 或者准确地说他这个曾经的 gay，yestergay，今后的性取向貌似极不稳定，连他自己也不能保证，一个不小心，就有可能旧伤复发，为你献上一曲让人伤心欲绝的“yestergay once more”。

你可以继续小你的清新，但以后再找男朋友，恋爱路线和方针虽不至于要大幅度修正为以肉体为导向，至少要在精神和肉体之间求得基本的平衡。恋人就是要经常见面、经常腻在一起并且有机会要见没有机会创造机会也要肉帛相见的呀！心里想见但就是强忍着不见的，那不是恋人是仇人。精神恋爱不可能把弯的恋成直的，但大有机会把直的爱成弯的——我的意思是说，如果执迷不悟，就算让你受累找到一个直男，迟早也会被你用精神恋爱拗弯，来四个拗成奥迪，来五个拗成奥运。

累觉不爱下。

避税不避睡

为了买房，为了少交税，我和老公打算离婚了——当然是假离婚！房产税真的很高啊，为了我们的血汗钱，也只好这样做了。当然我们会想办法尽快复婚的，双方父母都打过招呼了，他们都理解。只是我们结婚五年，虽然是假离婚，心里总不是滋味。我倒不是怕他会假戏真做，对他，我有绝对的把握，况且“离婚”后我们还是住在一起，一切照旧，就是觉得要把结婚证书换成离婚证书，心里七上八下的。我甚至都想不出要以什么理由来提出离婚申请，更不想和他商量这种细节。毕竟是自欺欺人的事。求安慰。

这位准离婚证持有人，今天你离婚，是为了省钱，其实你有没有想过，当初你结婚，不同样是为了省钱么？西谚有云：Two can live as cheaply as one. ——两个人过比一人过省钱。道理明摆着，比方说，一个人，至少得住个一房一厅吧，但同样面积的房子，两个人住着也挺合适对吧？又比如，一个人洗澡得用水，两个人一起洗个鸳鸯浴，所耗水量与一个人洗大体上相当。你说是这个理儿不是？

在私有财产及其继承的角度，婚姻本质上就是一种经济制度。和房产税相比，打个离婚证才花几十块人民币，天底下还有比这更划算的买卖么？婚姻是法律，是制度，房产税也是法律，也是制度。你俩依法结婚，接着为了依法买房而依法离婚，依法买房之后再依法复婚，在我看来，与那些随随便便就拥有几百套房子和几十个女人的贪官相比，你们简直堪称遵纪守法的一等良民了，离婚行为完全可以理解。

同样可以理解的，是您现在的心情。至于我能帮你想到的最俗套同时也是最不伤感情的离婚理由，无非就是“感情破裂”了。按照现行婚姻法规定，凡向人民法院提出离婚诉讼并经由人民法院审理的离婚案件，“（人民法院）应当进行调解；如感情确已破裂，调解无效，应准予离婚”。尽管“感情破裂”作为一种离婚理由失之笼统，至少，它绝不会比像“因新郎在新婚之夜同房之前发现新娘处女膜已经破裂而导致的感情破裂”这样的理由来得更为确切、更具说服力，不过，对你这种情况，我一时也想不出比这个更管用更得体的借口了。即便是像你这种不需要进入法律程序的协议离婚者，“感情破裂”也是当事人用来向亲朋好友做必要的解释说明工作时一个最好用的说辞。也就是说，当时感情破裂，现在破镜重圆，两口子，床头打架床尾合，年头打架年尾合，离婚之后想复婚，再正常不过，有什么不可以？

既然你提到了“自欺欺人”，那么好，你为什么就不能在这四个字的基础上继续往下再想想？比方说，离婚是假的，结婚难道就一定是真的么？你再好好看看你那个房子，尽管它就真真切切、结结实实地杵在那儿，但它果真就属于你么？别忘了，属于你的产权不过也只有七十年。什么是真的？什么是假的？这种问题还真的经不起琢磨。有那个闲工夫，还是去想想你即将省下的那一大笔钱吧，除了血和汗，没有什么能比血汗钱更真实的了。想通了这个，你也许就不会再有什么不必要的失落了。再者，省钱之余，你俩还可以在成功复婚之前尽情享受一下非法同居的野趣，避税不避睡，何乐而不为？

丘吉尔说：“人的一生中只有两件事逃不过去，即死亡和纳税。”死不可避，但可以躲；税不能逃，但可以避。相比之下，在我们大多数俗人的一生中，绝对逃不开也躲不过的，是房子，是婚姻。

满地找节操下。

我女朋友她爹是一个社会名流

我女朋友家情况比较特殊，她爸爸是社会名流，但是她妈妈不是她爸爸的正妻。可是她爸爸对她又很关爱，以至于知道我的存在后对我也关爱。现在问题来了,我创业缺钱他爸爸给我支持的话，我究竟该不该接受他爸爸的钱?

这位大哥，在你女朋友她妈是不是她爸的“正妻”与你女朋友她爸为你提供的创业基金你是不是应该接受这两件事情之间，我实在看不出存在什么逻辑关系。在此，只好弱弱地反问一句了：如果你女朋友她妈是他爸的发妻、“法妻”兼“正妻”，你就完全不会有这方面的疑虑了是吗?

说实话，你所谓的“正妻”究竟是什么意思，我也搞不太懂。莫非在“正妻”之外还有一个副职?难道她爸爸有两个或两个以上的老婆?不过在我看来，无论如何，不管你说的“非正妻”指的是“非结发夫妻”还是“非正式的妻子”或者“非正确的妻子”以及“非正宗的妻子”，这些因素都不应该影响你对待那笔钱的态度。钱就是钱，只要钱的来路是“正”的，只要那个钱不是伪币，你管他老婆正不正？你又管她妈妈嫁给谁？

至于“社会名流”什么的，跟你就更没半毛钱的关系了。社会名流的钱又不会比社会不名流的钱更烫手、更高息。在某种意义上，接受社会名流的资助，比接受社会非名流的资助来得更安全、更可靠。说句不中听的，那是因为社会名流比你这种社会下流更怕丢人。打个比方吧，南京的陈光标、标哥，算是很大个儿的社会名流了吧？如果某一天标哥带着两个电视摄制组以及八个记者在南京新街口满脸堆笑地大把往你兜里塞现钞，却被你翻着白眼吐着口水严词拒绝的话，你觉得究竟谁比谁更受伤害呢？

因此，只要你女朋友她爹只是一个社会名流而不是什么黑社会名流或者社会名流氓，只要这个爹不是你女朋友的干爹而是“湿爹”，这个钱，我觉得你完全可以拿，这么干不算坑爹。当然，除非你还有什么更现成的、条件更有利并且完全非亲非故的融资渠道。

接受这笔钱对你可能造成的唯一不良后果，就是俗话说的“拿了人家的手软”。这个道理，我不说想必你也懂。尤其是这个“人家”不是别人而是你女朋友的老爸，你有可能遭遇的状况就不仅只限于“手软”，而是浑身上下别的肢体也会软。而且，届时在别人的眼里，你软，表明你虽然很贱但尚有羞耻之心；你不软，则表示你已经贱到无可救药。反正左右不是人，黄泥巴掉在裤裆里，不是屎也是屎了。

因而，为了能够顺利创业，同时又能预防今后在你女朋友或老婆的面前抬不起头来，你得给自己想个办法，既拿了钱，又能硬起来。我的建议是，钱可以接受，不过一定把她老爸的身份从一位“爱屋及乌的关爱老爸”转变为一个“天使面孔魔鬼身材的天使投资人”，同时把你自己的角色从一介“被动而无助的接受资助者”变成一名“光荣而傲娇的中国合伙人”——最后，请允许我再次提醒您，以上这一切，与正不正妻什么的也毫无关系。尽管我完全不了解您要创的是什么业，不过，如果您的创业计划中还有涉及基本逻辑的成分的话，如果您还有时间，在决定接受资助之前，敬请将创业计划中的这一部分再次认真地梳理一遍。

拉筋下。

一坨大黄鸭引发的苦恼

我有一已婚男友，两人不牵涉金钱，只算是给平淡人生的相互慰藉。但我现在发现，男友的良心实在太好了罪恶感实在太强了。比如，前一段他答应陪我去香港看大黄鸭，我发现他随即定了再过两周去香港的机票要带老婆孩子一起去看大黄鸭。再比如与我在酒店享受了五道菜晚餐之后，他必然也会与太太再去一次。这样的事情太多太多了，现在凡是我享受到了一点恋爱的甜蜜，我就开始想她也有份——其实我就没见过她，怎么突然有了假想敌了呢？我这种事业金钱都不差的女人何苦自己为难自己呢？

这位闷绝大姐，如果事情真是像你说的那样，恋爱的甜蜜以及吃喝玩乐各种享受的事，从精神到物质，从灵到肉，虽然是“轮流发生性关系”，但莫不是你在先，她在后，事事都拣你玩儿剩下的，你还有什么可不高兴的呢？大黄鸭，你比她先睹为快，你看到的大黄鸭，比她看到的更大、更黄；而两周后他老婆孩子看到的那坨，日晒雨淋之后，想必形容憔悴，说不定还漏气瘪掉了；他携你在酒店享用的那个五道菜晚餐，等到他伉俪再去吃时，说不定因为太受欢迎、萝卜快了不洗泥而已沦落成五道口晚餐——无论如何，在我看来，要是在这个故事里必须有至少一个人感到不高兴的话，那个人也应该是排在你后面的那个女人才对，反正绝对轮不到你。

对于任何婚外恋的故事，我无意也无力做出谁是谁非的判断，但是，既然你很清楚你要的只是“给平淡人生的相互慰藉”，同时也很明白你玩的乃是婚外之恋，那么，你就得遵守婚外恋的基本游戏规则并且承担其应有后果。很显然，这个游戏你玩不起——当然，也不是一开始就玩不起的，而是像很多玩家一样，玩玩玩玩就不上路了，玩着玩着就不知不觉地陷进去了，蹬鼻子上脸，企图从先得进展到独享，从分享发展成垄断。我且来问你，什么叫“突然有了假想敌”？事实上，这个假想敌从游戏一开始就全副武装、荷枪实弹地杵在那儿，而且更不是什么“假想敌”，而是一个真真切切的肉一般的存在。虽然你从来都没见过她，但事情不明摆着就像《最美的你》的歌中唱到的那样“我没见过你，可我知道你”么？

在来信的开头，你就把这个男人定义为“已婚男友”，从这个细节，就足见你在这场婚外恋游戏的一开始便注定要成为输家。尽管奸情也是爱情，奸夫的爱也是人类之爱，但奸夫就是奸夫，什么叫“已婚男友”？咱不带这么自欺欺人的好不好？

对于种种不伦之爱，“始乱终弃”这个词或许过于沉重，但以我之所见所闻，自始至终都能绷得住者鲜矣！绝大多数的故事走向，无不是从起初的求“平淡人生的相互慰藉”向着求“平淡人生的相互为难”甚至“相互折磨”自动推进。像你这种事业金钱都不差但就是缺爱的女人，还是更适合去从事合法的、正常的恋爱活动，去找一个事业金钱都很缺的未婚男子。到那时，第一个看大黄鸭的是你，第二、第三个也是你，当然，最后一个还是你。为了你，他甚至可以把自己变成一坨大黄鸭子让你独家享用个够。

当然，错也不都在你。你那“已婚男友”之行径，也实在是太讨厌了，真让人受不了。与其说这是他“良心实在太好了罪恶感实在太强了”，不如说这个男人不是太懒就是过于缺乏想象力。万一他让你怀孕了，回家是不是他老婆也得对应地怀上一胎？不过这倒也好,如果你对你的“假想敌”的仇视确实无法消解,下次见面，不妨故意和他大吵一架，无底线地激怒他，让他在忍无可忍之下扇你几巴掌，当晚回到家里之后，你就可以照着镜子一边疗伤一边静候从手机里传来的佳音了——一定要跟他要图喔!

洗洗澡照照镜子下。

前男友办喜事，新娘非要请我

我前男友的现女友一直要求给我发他们结婚的帖，让我去出席。怎么办啊？虽然大家都曾经是同学，但这……这……这心也忒大了！虽然事情已经过去十年，虽然曾经各种不堪过，虽然近一年刚和他们有了比较多联系，但我觉得真心没必要去现场露这种脸啊！现场有各种大家都认识的过往同学啊。他们还一直锲而不舍地坚持要把帖子快递给我，还问我一个人去还是家属都去什么的，我自己结婚时候没有办，所以也没有劳烦大家，现在这种情况简直吐槽无力啊。我要怎么拒绝她呢？

这位前任姐，古人云：秀恩爱，死得快。在前女友、在现男友的前女友面前秀恩爱，死得会有多快？那个速度端的是可想而知。然而，世上还就是有那不怕死而且求速死的！摊上这种事，的确不太好办哎。常见的悲催，如“男友结婚了，新娘不是我”也就算了，而你摊上的竟然是“前男友办喜事，新娘非请我”，是不可悲，孰可悲？！如果说前一种情况属于站着中枪，你这种，应该就是传说中的“躺枪”了吧？而且还是躺在一大堆男女老同学当中。这一枪，可真把我和我的老伙伴们当时就惊呆了。

这个事，的确是他们的不是。换位思考，我能想到的比较得体的做法是，我可以在某些非正式的场合（比如电梯），通过某种非正式的途径（比如QQ），向你发出某种试探性的邀请（比如“那啥”）。如果你的反应不明确（比如“呵呵”），态度不积极（比如“嘿嘿”），就应当善解人意地适可而止，千万不可以锲而不舍地强人所难。如果她果真是像你说的那样一而再再而三地强求，不是缺心眼儿，就是心怀叵测了。轻的，是企图向你强索红包；重的，就是蓄意要在“各种大家都认识的过往同学”们面前把你当众羞辱一顿。

以上说的都是极端的情况，其实，我更愿意相信她并无恶意，她的坚持，也有可能只是为了要向你表达一种善意，更有可能是为了向众人充分展示一下他的青松气质和她的红梅品格。一直以来，虽然“分手亦是朋友”体现了一种豁达、宽容而阳光的人生态度，但与此同时，任何人也都享有“分手便成路人”甚至“分手就是敌人”的天赋人权。相比之下，“人艰不拆”实在是做人的一种更为厚道高的境界。古往今来，冤死在“善意”之刀下的，数量上应不会比惨死在“恶意”之剑下者少。这方面，你能在“近一年刚和他们有了比较多联系”，已经做得够到位、够有节操、够感动中国的了。反观彼等那种“明明分了手却非要做朋友不可”的道德强迫症，一味沉浸在“分手亦是朋友”的高度酒中自high而全然不顾他人的感受，以他人的雷囧汗来成全自己的伟光正——对于这种“道德逼”，我一向特别痛恨，只要一提起，气就不打一处来。正如您所言，这女的“心也忒大了！”。是的，谁说不是呢？要我说，她的心不仅忒大，而且一定比丫的胸还大。当心的建筑面积比胸还要大的时候，脑壳里的实用面积一定是偏低的。

骂归骂，目前你所面临的局面是，这对极品二百五，确实已成功地用他们最大最廉价的善意陷你于同样大小和同样廉价的两难处境之中了。去或不去，你都是猪八戒照镜子，里外不是人；他俩则是唐三藏照镜子，里外都是圣人。为今之计，唯有走为上，惹不起还躲不起么？明天就去单位请个大假，然后买张机票，找个你一直想去的远方，携眷仓皇出逃。最重要的是，别忘了在朋友圈发个消息公告此事，当然，公告中必须要动个手脚，把你预订行程的日期修改至接到他们喜帖的日期之前。

风中凌乱下。

一切不能把头脑冲昏的爱情，都只配去冲厕所

认识了一个在谷歌上班的男人，好像是个程序员，高智商，脑子异常活跃，天天想的问题都是科学家一类的人才想的。性能力超强，而且在做爱的时候很顾及我的感受很温柔。他最喜欢在和我做了之后给我讲数学题！他说他爱我，但是他没说结婚。我挺喜欢他，但是我想结婚。是不是所有高智商的人都是疯子？他可能不打算结婚，我要是给他生个孩子能不能留住他？或者生个孩子通过他妈妈给他施压行得通吗？

这位恨嫁姐，对于这个男人的职业，你现在唯一能够确定的，就是他“好像是个程序员”而肯定不是一个程序对吧？但什么叫“好像是个程序员”？在只知道对方上班的公司名称，却连对方在该公司的具体职务都只是个“好像”的情况下，就神经兮兮地去想为他生个孩子什么的，这个，别说生儿育女，仅仅就谈婚论嫁而言，也未免略显草率了吧？

我不是教你势利，但是你应该知道，谷歌公司超大超有钱的，

谷多哥多，人和职位也老多的，尽管性能力可能因人而异，但不同职位上的人在收入和智商、尤其是在“要不要向你求婚”以及“会不会接受你的逼婚”之上的差异，更是海了去了。比方说，就“和你做了之后给你讲数学题”这件事而言，只要不是在做之前讲，别说你，连我都能接受。不过，如果他教的数学题是四则运算或者鸡兔同笼什么的，那么他有可能是谷歌公司的保安或者食堂管理员（均为《生活大爆炸》的狂热粉丝）；如果是微积分甚至涉及谷歌搜索的算法，那就有可能是程序员或者核心技术高管。

可以被爱情冲昏头脑——在某种意义上，一切不能把头脑冲昏的爱情，都只配去冲厕所——不过，在考虑结婚之前，最起码要保留一分对于搞清楚“你丫是干什么的”的清醒。知道你要嫁的人是干什么的，与知道那个人是吃什么的同样重要，除非你是铁了心要嫁给一个不知道究竟是干什么吃的男人。相信我，这件事很重要。比方说，我用谷歌搜到了苍井空老师的一段当时就把我和我的老伙伴们都惊呆了的爱情动作片，在我抄起电话打通 110 的时候，我能告诉警察叔叔说“我好像是用百度搜到的”么？

当然，你的迷糊、你的冲动，好像已经让我不得不相信你对他（此处没有“好像”）就是真爱了。问题是，对于“真爱”的定义，你和他好像不太一致，因为他虽然已经把你最爱听的“我爱你”说了并且也做了，但是还没有向你求婚，因而你无法确定他对你是不是真爱。在“被求婚”这件事情上，一切智商有高有低但就是高低不肯主动向女人求婚的男人，都不好搞。即便你不为他的智商捉急，也难免要为他的情商捉急。无论如何，这种事，急不得。千万要忍着，必须要守住，忍到云开雾散，守到水到渠成。再说了，要你忍，只是忍一句话；要你守，更不是守活寡。既然他的性能力超强，你不妨先享用着，边享用边等他主动开口求婚，何乐而不为？

第一个逼婚的傻逼，第二个逼婚的是二逼，第三第四以及第N个是什么？依此类推可以。用生孩子的方法逼对方就范,那是“人民搜索”的用户才想得出来的馊主意，对孩子更不公平。至于“通过他妈妈给他施压”，那就更是想也不要想！你了解他妈对婚前性行为的态度么？你怎么晓得他妈是爱男孩还是爱女孩抑或男女都不爱？你又如何知道他妈是孩子和孩他妈都爱还是只要孩子不要孩他妈？哪怕你把以上胜算均为百分之五十的风险全部都置之脑后，至少，你也得负责任地想想《生活大爆炸》里谢尔顿博士他妈吧？

男默女泪下。

后妈的后现代生活

苦恋了四年的男朋友终于向我求婚了，我愿意，但问题是，他有婚史，当然这不是问题，问题是他还带着两个小孩，也就是俗称的“拖油瓶”。我实在不知道婚后该如何与他们相处，更不知道能不能做到对他们视如己出，亲朋好友们会怎么看我。更重要的是，婚后，我也想要自己的孩子。每每想到这些，我连办婚事的心情都没有了。我该怎么办?

这位准后妈，后妈难做，难就难在其为人“后”，此事古难全，于今尤为艰。我国某地法院近期的一个判例不知您注意到没有?有多辆机动车在马路上碾压了同一位老人，而只有最后一位车主停下车报警。法院认为，最后一辆车碾过老人时，老人还有生命体征。法院判决最后这辆车的车主彭某负全责，赔付死者家属近四十万——“多车碾压后车赔”，后妈之难，难就难在这里。

后妈的身份改不了，只能寄希望于孩子了。也就是说，寄希望从上手交到你手上时孩子的品质和状态了。然而，在你的来信中，不该说的你说了，比如“拖油瓶”什么的；那最该说的，你却只字未提，比如他带来的那俩熊孩子的年龄以及性别。要知道，对于一位后妈来说，与不同年龄性别的孩子相处，遭遇和策略也会完全不同。

一般来讲，孩子太小和太大，都略好办。前者，有奶就是娘，只要你有奶（包括奶粉，但绝对不能是三鹿的，因为三鹿奶粉是后妈的选择），都还算容易搞定；太大的，人格相对成熟，生活相对独立，不管是待之以朋友或者处之以路人，也基本无大碍。当然，如果你能像马景涛的80后娇妻吴佳尼那样，摊上一个年纪比自己还大的，那简直就是前世做了不晓得多少世人家的大老婆才能修来的双重福分了。

最难弄的，乃是那半大不小的，如果又值青春期，更是雪上加霜。比如邓婕当年接手的初中生张默，从来不曾叫她一声“妈”也就算了，严重时还闹到要离家出走。

当然，凡事都有例外。半大不小的也不是都难搞定，成功的个案，见李玟与Bruce前妻的那两个女儿（当时分别是十三岁和十岁），据说在她坚持不懈的爱心感化之下，双方的关系也已经从开始的抗拒到现在的和解，时不时地，我们还可以在媒体上看到她们大秀其乐融融。

以上所引资讯，均据各种八卦杂志，真实性我不能负责，唯一可以负责任地告诉你的是，这种涉及双方甚至三方、四方互动之事，并非一己之力所能完成，还是要看个人造化。除了孩子的性别年龄，尚需取决于诸多客观因素，比如，这些孩子与生母的关系如何？他的前妻在离异后是否再婚？婚后是否再生？等等。谋事在人，成事在天，在尽你所能地善待他们的同时，也问心无愧地善待自己。说一千道一万，婚姻毕竟是你们自己的事，对于你一过门就必须无条件接收的这一笔夫家的“婚前负资产”，你能做的，就是提前作好充分的心理准备和物质准备。融洽的母子关系，得之你幸，不得你命，但重要的前提条件是，千万不要用“视如己出”这样的虎狼之药来自虐。

查“视如己出”一词，出自明人周辑的传奇故事《西湖二集·假邻女诞生真子》，原文为“爱如己出”。故事说的是临安海宁县罗姓书生，与幻化成美女的狐狸精交配并令对方怀孕生下一子，狐死，书生娶妻并告之实情，其妻对夫君与狐狸精所生之子“爱如己出，抚养成人长大，教他读书，聪明无比，弱冠遂登科第，官至翰林学士。后亦敕葬其母，尽人子之道，春秋祭祀不绝，题其墓曰‘精灵冢’”。

虽是一段美谈，虽是一种美德，但对于世间大多数的后妈来说，人的妈和妖的妈绝不容跨物种混淆，再大的爱，貌似也难以穿透人妖两界。在我国的国立“德性博物馆”中陈列的各种琳琅满目、赏心悦目的美德藏品中，标签上被四字成语化的那一类，千万不要误会为那都是吾人出厂自带的公序良俗，相反，它们都是被先贤们认定为我族性格中最紧缺的东西。如果你要的婚后生活只是与亲人和平相处而不是西湖边上修个豪华大墓立个大理石碑，实在犯不上用太高的道德标准来自我要求。那不是自律，那是自虐。虐好了，也就是虐自己，虐不好，还要虐人。

在“幼吾幼，以及人之幼”一事上，人性其实还不如某些哺乳动物的兽性，想想我们时不时就会在电视里看到的“狗妈妈哺乳熊崽子”之类的新闻吧。当“爱如己出”演变成“视如己出”之后，这个词也就有了某种“必须在旁人的视线里考虑到旁人的感受”的意思了。至于你自己的真实感受，只有自己知道。别人的就是别人的，自己的就是自己的，不能混淆。在产下自己的亲生孩子之前，你真正能做到视如己出的，只有你自己的便溺。

最后，要纠正你一个名词的用法。“拖油瓶”一词的来历，众说纷纭，我个人倾向于采信一直跟余秋雨老师过不去的《说文解字》的解说，即从前城乡交通不便，乡下若有人进趟城，邻人们就会把各自的油瓶塞给他托他买油。这个悲催的古代“代购”拿不了那么多油瓶，只好用一根绳子串起来在地上拖行——油瓶和孩子，都不是自己的。无论如何，作为旧社会对改嫁妇女的歧视性称呼，“拖油瓶”是指女方带来的与前夫生的子女而不是男方自备的与前妻所生子女。之所以要啰嗦这几句，用心与前面解释“视如己出”一样，即不管你能不能正确使用，但最好还是把这两个名词统统忘掉。婚后，能以比较客观中立的“继母”之名分和自我定位，来摆正自己和家人的关系，端正自己的心态。

拖酒瓶下。

你动了真格，给了真心，丫怂了

沈爷，有个问题我得问问：这搞破鞋、有外遇是不是遗传啊？我有一个朋友，从他爸爸那辈开始，就外面有人，到他这辈，又在外面勾三搭四。而且这男人特怪，对你无限好，你动了真格，给了真心，丫怂了。这种男人，是不是只能练口活呢？

这位“我有一个朋友”，回答您的问题之前，我觉得有必要跟你探讨一个说法先。“搞破鞋”这个词，虽然让我听着特怀旧、特亲切，毕竟，它属于万恶的旧社会对某些勇于打破吃人的封建礼教、奋不顾身地追求个人幸福的劳动和不怎么劳动的妇女的歧视。当然，如果你一定要这样说才顺嘴才解恨，我只能建议您把“破鞋”改成听起来比较文雅的“敝屣”了。

其实，您在提到“搞破鞋”之后，紧跟着就是“有外遇”，与其说这是排比句，不如说后者是为前者所做的注释。此外，用“有外遇”来注释并取代“搞破鞋”，语言文明的同时，也能生动形象地保留并传达出“搞破鞋”的神韵：一个人若是勤于往家门外面跑，鞋子能不破么？无论如何，我都衷心地希望，从此以后，“破鞋”指的就是一双被穿破的鞋，犹如“相公”指的就是打麻将多了或少了一张牌。

接下来，在正式解答您的问题之前，再表明我个人的一个坏习惯，即对于一切以“我有一个朋友”开始的来信，为了在回答时不绕弯子以节省版面以及广大不耐烦并且一天比一天更不耐烦的读者的宝贵时间，我一般都会直截了当把它视为你自己的问题。例如，把“我有一个朋友”直接变成“你”，把“他爸爸”直接说成“你爹”。当然，信中的“你”还是你，“丫”仍是“丫”。

先说“有外遇是不是遗传”。这个答案是阳性的，而且，必须排除人品问题而直奔人种问题。一日千里的基因科技告诉我们，在家族和个体之间，大体不排除这种遗传的可能性。个体之外，作为整体的性别，男人有外遇，就基本不排除遗传因素了。不过，“有外遇”作为一种基因遗传，其遗传史并不久远，大致也就从你爹那辈、最早也就从你爷爷那辈才开始，上溯不过四代吧。因为直到前清那会儿，男人还是可以合法地三妻四妾的，也就是说，如果他们愿意，即能以法律为准绳、以事实为根据地将他们的外遇合法转制为“内遇”。当然，如果你认定有“外遇”就等同于“滥交”的话，那么大部分的雄性哺乳类动物，从猿猴到猪狗，全特么这德性。据说，雄性哺乳类动物之所以“滥交”，是因为它们肩负着族群繁衍的神圣使命，故在播种一事之上，务必做到尽可能多、尽可能广、尽可能滥。而雌性动物因为在分工上负责孕育后代，采取的乃是一种文学上相对较为“忠贞”的生物学保守策略。

当然，猪和狗都没有“你动了真格，给了真心，丫怂了”这种流氓基因，只有在交配顺利完成之后，丫才会怂了。否则，猪狗早就灭绝了。“对你无限好，你动了真格，给了真心，丫怂了”，这种男人，不仅猪狗不如，更不齿于已进化人类。另外，以遗传学角度观之，导致“丫怂了”的另一种深层原因，我相信是因为一夫一妻制导致已婚的他不可能合法娶你——换句话说，因为遗传基因的进化速度未能及时赶上社会文明的发展步伐，未能与一夫一妻以及一家一孩制度同步，这些贱男的未能与时俱进，导致了其徒有动物本能而无法享受动物福利的悲剧，不仅扯了社会进步的后腿，甚至把文明社会的裤衩都给扯了下来。

至于你的第二个问题，这种男人“是不是只能练口活”，这要看怎么说了。谈恋爱谈恋爱，都必须得用口来谈不是？能把口活练好了，就算相当对得起他们的谈恋爱对像了。

提鞋下。

ta是男的，就做ta哥们儿；ta是女的，就做ta老公

放暑假出去跟团旅游，同团有个身材不错、个子也高的男孩，因为同样爱好摄影，所以很自然地在一起拍照相处了两天，有时候拿相机的手碰到了还觉得有点小暧昧感。聊得也不错，开玩笑的时候他会说“我没把你当女的”，于是很女汉子的我也回了一句“我也没把你当男的”。没想到，一语成谶，第三天，我从别人那儿偶然得知，这位男孩是个如假包换的女的！对于这种事，有人表示一眼就能看出来，而有人表示认识两三年都不一定能知道“他”是女的。这个世界太乱了，三观碎一地，从此跟她相处都觉得很别扭，扭不过来，第一观感还是觉得她是男的。沈爷，我不会是判断力或者性取向出现问题了吧？好担心！

这位女汉子，您信中那些翻脸般变幻的第三人称代词，令我以翻书的速度闪回到初读《红楼梦》的小学四年级。那时，满纸人物不论男女，不管是丫环小姐大小姨妈还是少爷小厮大小相公，都叫个“他”。男男对话，还则罢了，一旦读至男女交接乃至肉帛

相见时，眼看“他他”搞作一堆，不由三观扭曲，而更让人连五官也扭成中国联通标志的是，有时的“他”搞“他”，却又真是俩男的。

鉴于我幼小的心灵里被埋下的这种历史小阴影，以下行文中，不论男女，一概用 ta 招呼。

先来分析对话。ta 对你说：“我没把你当女的。”——这话有两种可能：一，ta 爱女的；二，ta 爱女汉子。你对 ta 说：“我也没把你当男的。”——这话也就有同样的两种可能：一，你也爱女的；二，你也爱女汉子。

无论如何，除此之外，更不能排除这些话都有言语挑逗或试探之用意，抑或纯属扯淡开玩笑，尤其是你的那句，更像是随口接个下茬，顺嘴对个对子的口腔膝跳反应。不是言者无心，听者有意，就是言者有意，听者无心。不可当真，基本可以无视。

你的病根，在于你以异性角色与 ta 密切相处了两天，直到第三天发现 ta 是同性，于是心里一时难以适应，有些别扭而已。将心比心，这也不难理解，1988 年，我在金星还是男儿身的时候就认得他了，直到无障碍地坐在一张饭桌上吃饭喝酒并称她为“金姐”，这中间可整整隔了二十余年呐。相比之下，欲用三天来修复三观，的确略仓促。

你的故事，在让我想起《红楼梦》之余，也重温了一次梁祝。梁山伯，以真男人之身爱上一个假男人，得知真相后，更是许下非 ta 莫娶的诺言。你呢，也玩了一把梁祝，却不小心玩倒了，整了个逆向的，以真女人之身爱了个假男人。更悲催的是，你又没有梁山伯那种男女通吃的大爱——你是男的，我做你哥们儿，你是女的，我就做你老公，以不变应万变，心理和生理上零障碍。所幸者，你们没有同窗三年，只是同团旅行了三天，交情没那么深，即便在感情交流流量最大的第二天，也不过是“拿相机的手碰到了”而已。团散了，各回各家，各找各妈，找不出有什么要死要活的理由，更看不出你的性取向有什么异常，你，只不过是误打误撞地再次证明了自己偏爱“身材不错、个子也高并且爱好摄影（并且略娘炮的男孩）”的取向，而已。

当然，即便性取向真的出现了异常，也不是什么了不起的大事，没什么好担心的。某种意义上，这辈子，你比你的直女小伙伴们多活了一个性别，赚到了。

跟你说的话说完了，以下是我本人的两点反思，与你无关，可直接略过：

一，在情爱关系中，一方之性别究竟是男是女，有可能并不完全由自己说了算，而是要取决于对方的主观感受，成为“被当成”的那个性别角色；

二，祝同学在杭州万松书院女扮男装这事，梁同学究竟是真不知道还是假装不知道？他的一病不起到底是因为求婚不成还是知晓了真相？

细思恐极。下。

如何以大婆身份享小三福利

我的男朋友很自我，除了当初在确定恋爱关系前后很短一段时间联系得特别热络之外，现在开始就不是很喜欢和我发信息煲电话粥了。他出去和朋友有活动的时候也不喜欢提前跟我说一声，往往是看他微博刷新了我才知道他出去了。他对朋友有求必应，大忙小忙人家一提他就特上心，对我的要求反而有时会否定。有的时候聊天他很喜欢损我拿我开玩笑，我不高兴了他就觉得我没幽默感。我确定他是真心想和我结婚，他也总说，我应该有正牌女朋友的心态，但是现在我和他能够真心交流的关于我们两个人的事儿都不太多，我也不敢跟他开口讲太多，怕被他损被他批判。这段关系该怎么改善？还有没有继续下去的必要？我还是挺想和他有结果的。

这位正牌女友姐，你们的问题，在于双方对同一段关系及其所处状态的认知上存在着巨大的差异：尽管“你还是挺想和他有结果的”，但是他已然确信“已经和你有结果了”；你觉得你俩的爱情之花正在羞答答地含苞待放，他那儿早就自说自话地结上果了。

你例举的他之种种倒行，种种逆施，其实再正常不过——这，就是我大汉族男子对待其“正牌女友”的统一官方态度。你男朋友并不是“很自我”，相反，他这是忠实地继承了我国千百年来一向如此的男性集体主义精神。当然，也不是完全没有与时俱进过，比如，随着一夫一妻制的蔚然成风，他们已经悄悄地把从前对待大老婆的态度转移至“已经确定关系的女友”的身上。

总之，关系一经确定，“正牌女友”便无足观。不怕告诉你，这还只是个开始，你俩这一路继续熟将下去，他就自然而然地与你从“熟人”进化成“亲人”，再往下，就有可能连觉也不想和你睡了，因为与亲人睡觉，会让他产生某种类乱伦的不适。

尽管这一切让你很生气，然而，一定会让你更生气的是，这一切，在他看来，绝不表示他不爱你了、不重视你了，正相反，打是疼，骂是爱，虐你就是爱你，总之没把你当外人。子在曰“远之则怨，近之则不逊”的时候，其实已经很公平地把“难养”者分摊到男女双方的头上了：“女子”是女人，而“小人”通常都是男人。

至于“这段关系该怎么改善？还有没有继续下去的必要？”这两个问题都很迫切，但是你貌似把次序弄反了。我觉得，应该是“还有没有继续下去的必要”在先，然后才是“这段关系该怎么改善”。逻辑上，尽管他和他的古今男性同胞们都主动放弃了治疗，但是你若还不想放弃他，觉得还有必要继续，那么，就得设法按照你的要求和你的希望去改善。要不要继续，这个决定好做，你单方面一念即可。至于是否继续，结果有两个：一，不继续，换个人，一开始就把规矩做好，全程都按你定的游戏规则来；二，若选择继续下去，也并非最坏的决定，天下乌鸦一般黑，东山老虎吃人，西山老虎也吃人，华南虎若不是绝迹了，也一定会把人给吃绝迹的。

无论如何，是改良还是革命，欲在情场上始终立于不败之地，务必要把双方的关系从“已确定”处理成“尚暧昧”的样子，把“昨天刚领了结婚证书”表现为“明天就去领离婚证”的状态，将“孩子都会打酱油了”调节至“你并不一定就是孩子的亲爹”的节奏——借用宏观经济政策的术语，你必须提高警惕，千万不要成为他的“实体经济”，即不能以“储妻”和“储妈”的角色成为其实体经济的库存。一旦发现这种苗头，就要毫不犹豫地清库存，始终坚持做他的虚拟经济。虚拟经济的杠杆作用一旦发挥得当，你方能以内人的身份享“外人”之礼遇，以大婆地位享小三福利。总而言之，不仅要相敬如宾，还要相敬如外宾。

当然，时间这把杀猪刀，杀着杀着就一定会自动杀出“杀熟”这个隐藏的强大功能来——我的意思是说，不能排除的是，今天他杀你的熟，明天你也可能杀他的熟。两口子一旦杀到这种对砍互杀的境界，也就修成正果，天下太平了。

磨刀霍霍下。

前任再泡我一回

哎哟，“剩菜”来找我，我该怎么办？沈爷，我前男友，有车有房有妻有孩子有亲娘，最近老是对我各种荡漾式地关心，还说一日夫妻百日恩，说请我吃饭，请我旅行，请我聊天……我也没给丫脸：“你早干嘛来的，你早这样，没别人什么事儿了！”丫说：“那时我小，不懂事儿。”聊完了还给我发个结束语：“拜拜，前妻。”沈爷，我可怎么办？我怎么就看不上剩菜如此谄媚。您给分析分析，这样的男人是怎么个心态，是不是欠抽？这大半夜的不睡觉，不哄着老婆孩子，哄着自己的前女友，这叫什么事儿啊？

这位前任，你问“这叫什么事儿啊”，听其言，观其行，这事其实再简单不过，这就叫，你的这位奇葩前任，他想干的，没别的，就是想泡你，或者准确地说，就是打算重新再泡你一回。

人生在世，犹如奥利奥一坨，不是泡奶，就是被奶泡，当以寻常事视之；你的故事的不寻常之处在于，这一次要泡你的，是你的前任、你的那半杯“剩牛奶”。因而，也难怪你要问一问“他是怎么个心态”了。

在第一次被泡之前，你还可以玩玩“扭一扭”和“舔一舔”的游戏指定动作;当你面临被同一杯牛奶“复泡”之际，在我看来，他的表现你虽然“看不上”，甚至觉得他“欠抽”，但你多少还是迷惑了、凌乱了。也就是说，你不知道该不该扭以及该怎么扭，也忘记了要不要舔以及要如何舔了。你迷惑，是因为你无法确定他是随便调戏调戏你呢还是有计划地非要把你逼成小三不可（话说已婚男找小三，不奇怪，但找小三找到前任头上，这个的确有些别开生面了）。当然了，也不能排除他这是真心打算要和你破镜重圆的可能。但即便真的破镜重圆，这面破镜，又究竟是要怎么个圆法？是半圆、全圆还是椭圆？无论如何,你在各种“看不上”和“没给丫脸”之余，自家的心思，多少也有些个小活泛了，小荡漾了。

与其纠结于他的心态,不如稳定好自己的状态。拒泡还是迎泡，决定权在你。你那前任，在“有车有房有妻有孩子有亲娘”之余，可能尤觉得自己的人生还缺了点什么，但是，他觉得自个儿缺了点什么，是他自个儿的事，你管不着。你能管着的，就是你自个儿缺啥都行，就是不能缺心眼儿。

选择，你有两个：第一，如果那碟剩菜的滋味对你来说真是那么的难分难舍,你也想尝一回被“复泡”的滋味,那就别浪费时间，别假装从头来过，单刀直入，问他究竟想干嘛以及能干嘛。反正都是剩菜了,该热热就热热、该“光盘”就“光盘”、该倒了就倒了，总之麻溜的。

第二，如果你对他早就无感并且依然无感，写此信纯为晒命，那么，既然是他犯贱自己送上门来，那就将计就计，趁机玩弄他一下得了，反正闲着也是闲着。你就由着他请吃饭、请聊天、请旅行,直至发展到请睡觉之际,立马无情地起飞脚把他踢得远远的，同时让空气中回荡着你荡气回肠的怒吼——“你特么把老娘当什么人了？！”

没事的。我相信绝大多数曾经为《妈妈再爱我一回》而自动流泪的人,面对《前任再泡我一回》时可能都会和你一样不知所措。不管怎么样，别担心，勿自扰。剩菜吃不了人，最多就是冷不丁地恶心你一下下罢了。

摔盘子下。

不能保证结婚以后不碰其他的女人

一个男人在结婚前就说："我不能保证结婚以后不碰其他的女人，但是我能保证我一定知道回家，你每天早上睁眼的时候一定能看到我在你旁边睡着。"他这是在提前为婚后出轨打基础吗？说出这话就表示他不会抵抗任何可出轨的机会吗？这到底是坦白还是推卸责任？婚后出轨可原谅吗？

这位小伙伴，在回答你连发的四问之前，请允许我把你信中的那句台词"中译中"地翻译一下先。原文："我不能保证结婚以后不碰其他的女人，但是我能保证我一定知道回家，你每天早上睁眼的时候一定能看到我在你旁边睡着。"译文："要不要嫁给我，你看着办吧。"

对于这种告白，你可以把它当成是一种"先小人后君子"以及"把丑话说在前面"的契约精神，即把婚后可能的出轨行为列入婚姻的负面清单，亦可视之为"先小人后小人"以及"把丑话说在前面，把丑事办在后面"的耍无赖做派。但无论如何，这与你所问的什么“提前为婚后出轨打基础”、“不会抵抗任何可出轨的机会”以及什么“到底是坦白还是推卸责任”什么的，并无半毛钱关系。至于你的最后一问：“婚后出轨可原谅吗？”这一问倒是问到了点子上，不过那正是他最想问你的问题。

婚后出轨是否可以原谅，这其实也是个伪问题，因为“出轨”和“原谅”皆为变量，不稳定。比如，各不相同的出轨原因——是主动出轨还是被动出轨？是因被前车冲撞还是遭后车追尾？又比如，出轨程度之等级——是出到车毁人亡，还是出到人亡车不毁、车毁人未亡或者人车皆无恙只是铁轨很受伤？因应“出轨”的原因和后果之各异，“原谅”也就要划分成不同的程度，比如，是就地挖坑连夜掩埋出轨车辆，还是把铁道部长连夜押解到出轨现场就地枪决然后就地挖坑掩埋？总之，“出轨”以及“原谅”，从原因到结果，都很复杂很不稳定，无法一概而论。这个，不管你信不信，反正我是信了。

事实上，他的表白和你的质问，表面理直气壮，内里自相矛盾，比方说，什么叫“婚后出轨”？费话！“出轨”的必要前提条件就是上了轨道的“婚后”，没听说过婚前出轨的。婚前连轨都没有，出个鬼啊出？最多也就从机动车道拐上了自行车道或者从自行车道拐上了人行道。也就是说，如果你要把他的这番话作为是否与他成婚的参考，那是毫无意义的，很显然，因为只有先结了婚才会有出轨以及出轨的可能。如果你认定这就是他在为婚后出轨打基础的话，那么在我看来，他能为婚后出轨提前打的唯一基础，就是先和你结婚。

其他不确定因素还包括，不管他是不是“不能抗拒婚后不碰其他的女人”，还是他只是“不能保证婚后不碰其他的女人”，事实上，在事情发生之前，对于某种假设的“不能保证”和“能够保证”，都没有实际意义，都属于“可能”，也就是说，婚后他可能会去碰别的女人，也可能不碰，当然，可能连你也不碰。再说了，他做的那个保证，即便他真能做到，你就保证一定能接受么？“我不能保证结婚以后不碰其他的女人，但是我能保证我一定知道回家，你每天早上睁眼的时候一定能看到我在你旁边睡着。”这翻译成人话，大意就是：他晚上和你一道上床，等你睡着了，再起床溜出去碰别的女人，到你早上睁开眼睛的时候，一定会看到出轨完毕并且已经把自己重新调整为“卧轨模式”的他，在你身旁安详地静卧着……

综上所述，这不过是另一个类似“我和你妈同时掉水里了你先救谁你说你说你快说”或者“先有鸡还是先有蛋或者先有鸡鸡还是先有蛋蛋”的蛋疼问题，不适合用来做婚前约定，闲来无事时用它来打打屁、调调情或者写信给我让我借它骗几个稿费倒还凑合使。

出轨下。

欲劈腿时来了个插足的

和上一个男朋友谈了一年多，总觉得好像不够爱他，迟迟不愿意结婚。从来没有大矛盾，就是觉得提不起精神，不够爱。终于在遇到一个让我很动心的男孩之后就很不道德地劈腿继而分手和现任在一起了。随着三个月的相处，和现任的一些矛盾和冲突暴露出来，然后在失落的时候难免会想起前任对自己的种种好，突然就觉得好犹豫。恰巧前任这时对我说，还是希望我回头，还在等着我，而且我也能感受到他和以前一样。我该回头吗？

这位劈腿姐，该不该回头？回啊！干嘛不回？没头的才不回！就算扭伤了脖子也得回，必须的！要知道，回头和劈腿的时机，在某种意义上比回头和劈腿本身更为重要。这不，正当你欲劈腿而无处落脚、想回头而生怕碰壁之际，一直在你身后等着你的前任恰到好处地主动送上门来，也就是说，想回头时碰到个笑脸的，欲劈腿时来了个插足的，这是什么节奏？你是有多好命啊有没有？！这种好命，前世真不知道要守多少世的活寡才能修来呐。

回顾你的第一劈，理由是“因为觉得好像不够爱”而选择了“和很动心很有感觉的在一起”，这个很正常、很人性，也很道德，于情于理，完全符合自由恋爱的精神法则和行为规范。而当你感觉和那个曾经“有感觉”的变成“没感觉”了，然后对从前那个“没感觉”的又变得“有感觉”了，选择再劈回去，这个同样也很正常、很人性、很道德。你这是谈恋爱，又不是赶投胎，有什么好犹豫的？

关于“劈腿”和“回头”这两种恋爱自选动作，你的心理障碍远大于你的肢体障碍，换句话说，你的肢体障碍其实来自你的心理障碍。你担心被人说闲话，什么“朝三暮四”、“水性杨花”，什么“花痴”、“吃回头草”，等等，有的没的一大堆，都在前后左右等着你，你是不是都快找到阮玲玉的感觉了？不过，“有感觉”和“没感觉”以及“曾经有感觉后来没感觉”或者“曾经没感觉后来有感觉”这种，都是纯属于你自己的私事，与他人无半毛钱关系。再说，据你信中所述，其实你的一双玉腿只是在第一次时劈开了一阵子，然后就迅速收起来，与那个“没感觉”的分手并且双腿并拢地站在现任这一条船上了。很显然，你只是劈过一次腿，摆在眼前的这一次，你完全可以选择不劈，毅然回头就是了。彻底忘记自己曾经的“劈腿”史，同时彻底忘了“劈腿”这个动作吧！这一次，你不用再做那个在体操术语上被定义为“两腿最大限度地分开”的让人不舒服的动作了，而是要昂首挺胸、堂堂正正地来一个“骗腿”——即侧身抬起一条腿，迈回原来的那条船上去。在京剧术语里，所谓“骗腿”，那就是“二目平视，直身，挺胸，收腹，缩胯，吸臀，双臂平举与肩平，右脚前迈半步，左脚勾起足尖，伸直左腿向右斜踢，踢至右前方额部时，再向左外侧猛骗，骗成弧形线（由里往外，形成“口月亮门”）。左腿偏至左手位置时，以左脚外侧与左掌相击，击声要脆亮。左右腿可交替骗踢”。动作要领的示范，可参见革命现代京剧《红灯记》第八场李玉和高唱“迈步出监”时的那个“骗腿亮相”。

没事的。别怕别人说什么，更不要受张爱玲式的“我们再也回不去了”之蛊惑，那是万恶的旧社会。而你，生在新社会，长在红旗下，不仅回得去，而且去得回，来去自由。别说是婚前，就算是婚后，新社会的法律不也白纸黑字地保障了你的离婚自由不是？再次没感觉了，大不了再回一次头就是了。回多了，也就习惯了，无所谓了，蓦然回首，总是会变成木然回首的。

一步三回头下。

不情愿被钱砸死，就祈盼被真爱砸死

最近经人介绍，认识了个富二代，豪宅在江边，五六百平方米。也许是生意人吧，我觉得他没什么情趣，也不关心我这种事业单位办公室小职员的日常生活。第一次送我礼物，就是一个Chanel的255，我表示了下蓝色银链不怎么配我皮肤，第二天他就送来只红色的。这是想用钱砸死我啊！我家境小康，想找的其实是个知心人，他都没和我交心过就希望结婚，你说他是不是有什么问题啊？

这位小康姐，人家有什么问题？人家只是做了一个富二代应该做的事情，送你个见面礼，总比一见面就非礼你要得体多了吧？

与他相比，你的各种问题显示，有问题的很可能是你。第一，做人有没有情趣，跟人的性格有关，跟人的职业无关——也就是说，跟那个人是不是生意人无关。你能说王石、陈光标、薛蛮子以及潘石屹什么的就没有情趣么？退一万步，“生意人没情趣”这个说法即便成立，但是到了生意人的富二代那里，后者的情趣指数一般都会出现大幅度增长。富二代之所以会败家，第一是因为有家可败，第二就是因为他们通常比富一代要有情趣。

再说了，情趣什么的，也并没有什么既定的标准不是？说不定富二代的情趣清单上面，就包括了各种名牌包包——你能说包包、特别是名牌的包包就不是一种情趣用品么？老实讲，送你 Chanel 255，对你来说虽有些老气，但他的眼光、审美和情趣什么的都尚属正常。他要是给你送来个 LV 250，你的怀疑才有成立的基础。

第二，一个富二代是不是就不关心你“这种事业单位办公室小职员的日常生活”，这个，他可以关心，也可以不关心；与此同时，其他企事业单位的办公室小职员，对此同样也可以关心，也可以不关心。在这件事情上，“富二代”这个身份并不起决定作用。反而，与你身份相仿的那些阶级弟兄，才更有可能对你的生活采取“不关心”的态度。你想想，和你过着类似的日常生活，经常光顾人均消费差异不超过百分之一的餐厅，住着每平方米均价差异不超过百分之五的房子，怎么会去关心这种熟视无睹的日常生活？烦也烦死了。综上所述，如果一定要在这两个阶层中 PK 出一个会对你的日常生活更感兴趣的来，我想胜出的一定会是那个与你日常生活差异较大的。

因为社会阶层的比较大的差异，导致你对他是不是真心喜欢你存在怀疑，这个可以理解，不过更重要的是，你必须确定自己是不是喜欢他以及要嫁给他。如果还不太确定，那就再交往一段，最起码，在你还没有从他那里收到一枚土豪金 Chanel 255 之前，走着瞧吧。交往时间之短长，与交没交过心无关。就说你，尽管没跟他交过心，可你不是照样已经把人家家住何处以及居住面积有多大都弄得一清二楚了么？

无论如何，最好别让钱成为一个主要的参考或干扰因素。不情愿被钱砸死，就祈盼被真爱砸死（当然能被每一捆都浸透并且饱含着满满真爱的钱砸个死翘翘那是最好不过的了)。横竖都是个死，要死，就死得其所，死得漂亮。这正是：死是一样的死，砸上见高低！

最后，忍不住多一句嘴，Chanel 255 以黑色居多，蓝色和红色并不多见，也不太可能随时在店里买到，即便是 VIP 或 VVIP，能在“第二天就给你来只红色的”也有一定难度。就算海外代购，也不太可能有次日到货那么快，除非他是在米兰站进的二手货，或者，他其实储备了一大批各种颜色的包包，随时准备送给各种肤色的女人——说实话，与其空谈什么阶级差异，妄言什么交不交心，我还是更倾向于相信，你对这件事和这个人的一切怀疑的依据，都没有这个来得更有说服力。

精神活性物质中毒下。

你妈和陆琪，其实就是同一个人

我和老公结婚三年，两家不门当户对，他们的家族观念和小农意识让人负能量爆棚。而且我老公和我婆婆都没断奶，属于一见面就要各种高喊“大宝贝”然后随地扑倒爱抚那种。只要我一出差，他妈就会前来与儿同住，把家弄成宾馆状，我回来就会发现所有的东西都找不到，这让我有严重被侵犯的感觉。前几天我跟他谈了这个事，如果因为觉得这个房子写的是他妈的名从而他妈就可以随便来的话，那我们就搬去写我名的房子。他竟然说那他妈也会随时从天而降因为想他，还说以后就是要与他们同住！不与公婆同住，是我婚姻观的底线。我真后悔当初没听我妈的话——妈的，听听陆琪也是好的吧？我是不是要另寻出路了？我该奋起反抗还是忍气吞声呢？有没有方法可以震慑之？

这位大嫂，你说的这种情况，谈不上什么门不当户不对，也扯不到家族观念和小农意识什么的。要说观念要说意识，在我看来，你家和他家，你妈和他妈，本质上并无太大差异，我估计，你妈当时是跟你说的以及他妈当时告诫他的，极有可能都是同一句话：“结婚后千万不能去写着 ta（或 ta 妈）名字的房子里住。”

婚后要不要与公婆同住，这种事，就像你俩要不要结婚以及婚后要不要同住以及同住要不要同床什么的，本来都应该在事前就说好的，事后再论，就是打死狗讲价了。事情既然已经被你们弄到这步田地,还好意思说什么“不与公婆同住是你的婚姻观底线”？

当然啦，大部分人的婚姻观，特别是正确的婚姻观，通常都是在有了婚姻以后才有的。正如伟大领袖毛主席曾经教导我们的那样：人的正确认识不是从天上掉下来的，也不是头脑里固有的，人的正确认识，只能从社会实践中来，只能从社会的生产斗争、阶级斗争和科学实验这三项实践中来。

因而，“婚后不与公婆同住”还不能上升到婚姻观的高度，只能是婚前的你对婚后生活的一种遐思。不管怎么说，事已至此，木已成舟，你妈还是你妈，他妈已成你妈，就忘记什么婚姻观不观的了，要改变现状，让自己过得舒服，只能勇敢地投身到“生产斗争、阶级斗争和科学实验这三项实践中来”。总之，在这件事已至此的事情上，听你妈的和听陆琪的，都不如听自己的。因为你妈和陆琪，其实就是同一个人。

斗争之道，分文斗和武斗两路。前一种，柔性的，软着陆，即以其人之道还治其人之身：只要他不出差，就把你爸或你妈或者你爸你妈二老也请到你那儿住着，一见面，也就要各种高喊“大宝贝”，然后玩随地扑倒爱抚那种——这个事，不能依赖你妈。你也不想想，你是你妈的女儿，他是他妈的儿子，在吾国源远流长、奶香四溢的“妈文化”里，为娘的不管是从正面扑倒儿子还是从背面给儿子刺字，在任何场合下皆属正常，那叫天伦之乐；不过，当妈的扑倒女儿，无论从哪个角度，都是异常的、逆天的甚至是类乱伦的。因此，这个动作，主要得靠你爸。广告说得好，父爱如山，你一定要借你爸那如山之扑，在气势上彻底压倒他妈，让他们娘儿俩在均感压力山大之下当场蹶倒。

此举之目的，是为了测试并挑战一下他的忍耐底线。你做初一，我做十五；他能把家弄成宾馆，你就能把家整成招待所或者大车店。如其忍无可忍，届时再行谈判，大家各退一步，于是万事大吉。当然，这么干的风险是：他不在意，非但不在意，还倍感欣慰，最终弄成了“大相扑一家亲”的不可收拾的局面。

柔性不成，就玩硬的、刚性的，硬着陆：收拾细软，连夜搬去你名下的房子——出门前给他留把钥匙，来不来，自己看着办。即便他妈也会随时从天而降，但毕竟那阵地是你的，主场是你的，大妈空降兵即便敢于来犯，想想地面上的悍妻高射炮，心理上高低会有所顾忌，动作上难免有所收敛，频次上也多少会有所减弱。以往那肆无忌惮的扑倒，也许会就此拉倒。

文武之外，尚有一苦肉计的选项——这个，不软也不硬：生个孩子，让他妈，不，让他奶奶以后都改扑孙子。

自我扑倒下。

对人的尺度来说中等大小的物件

我从小就热爱哲学，从本科到硕、博，学的都是哲学，去年经相亲认识了我的现女友——感谢上帝，她本科学的也是哲学！能够拥有共同的爱好，共同的价值观，一起追求真理，这些都是我最看重的。但没想到的是，当我们开始准备结婚，我就惊异地发现，她竟然完全变了一个人！居然对购物如此精通，如此热衷！白天逛商场，夜里看电视购物。国庆长假，我要在家写论文，可她非要拉我去家具大卖场，还说什么打折只有七天。我们为此大吵了一架，至今仍在冷战中。我很痛苦，也很迷惘，这显然不是我要的以充实的精神生活为主的婚姻生活。女人都这样吗？我该和她分道扬镳吗？

这位博士，热爱哲学是好事，以哲学为职业，也不能算什么坏事，但是，企图用哲学对抗日常生活，以论文来反对家具、尤其是打折的家具，这就有点反人类的节奏了。

在这件事情上，我无条件支持你女朋友或你的未婚妻。学历虽不如你，但她比你活得明白。爱哲学、学哲学，并不一定就要以及就能成为哲学家。即便成了哲学家，也不一定就得成家（比如康德、尼采、叔本华以及萨特），但是，不管是爱哲学的、学哲学的还是已经成为哲学家的，只要还打算成家的，就必须有家具。不管你是不是哲学家，一旦成了家，就必须至少有一张双人床或两张单人床；家里一旦有了床，也当然，一旦成了家，各种床上用品以及床头柜什么的，也是绝对真理的不可或缺的一部分。

既然要买家具，对于这一类大件耐用生活必需品，当然不能放过打折的机会。你的哲学论文，什么时候写也都行。毕竟，在你之前，哲学已经存在了好几千年，虽说家具也先你存在了好几千年，但是她看上的、你们结婚成家用的那一批，打折期就只限那几天，弄不好就能为你们节省好几千元。为什么要跟自己过不去呢？你的哲学，并不比她的"折学"显得更为重要。

我知道，扯这些低俗的不一定能说服你，那么好吧，咱们就来谈谈哲学，一个外行所认识的哲学。你学哲学，想必会知道或读过以赛亚·伯林对吧？据他的生前好友、哲学家汉普希尔（Stuart Hampshire）1998 年 3 月 21 日在牛津为伯林举办的追思会上的演讲："一个确信而沉着的经验主义者，坚持认为，我们日常经验的材料，无论是在个人经验中还是在政治中，都是现实的真实材料，他将这个世界的装置，自然的和社会的装置，人类尺度上中等大小的客体，视为完全真实的，或多或少如我们所感知的那样存在着。"（译文见刘擎译《以赛亚 · 伯林的遗产》，49—50 页）。

文中的"装置"，原文为"furniture"，"家具"，特指"对人的尺度来说中等大小的物件"（medium-sized objects on human scale）。我的认识是，不管是追求真理还是购买家具，还是最好都能符合"人类尺度上中等大小的客体"，大则无当。伯林相信，"这种家具大小的存在，都是完全实在的，其存在的方式和我们感知它们存在的方式是差不多的。”

和男人相比，我相信世上绝大多数的女性都是天生的实在论者（realism）。至于你看重的价值观什么的，固然也很重要，也属于大件耐用生活必需品，但是就两个人过日子而言，价值观如果不能具体地体现并落实在一件日用品的价格上，就完全失去了意义。在人类追求真理的道路上，一切超出“中等大小”的哲学和价值观，最终都将摧毁我们“家具尺寸”的现实感和存在感，让我们无家可归。你急需分道扬镳的，是你自己的形而上学。

不要打折的家具，就会被家具打折。

仰望星空下。

生理反应到底是不是真决定心理?

老沈，问个问题。生理反应到底是不是真决定心理？我女朋友说要跟我分手，理由是她对我没兴趣了。据说已经持续了大半年，但她自己不知情。上个月她与一位朝夕相处的男同事一起出差，晚上穿了一件今年流行的露腰上衣去泡吧，她说男同事怕人多下意识搭了一下腰，没想到肌肤一碰她就有了反应。我女朋友就此认定对我真的没性趣了。我觉得这事不对，但不知道怎么说？

这位小兄弟，你想问的，其实是“你的女朋友究竟应该听从她身体的、生理的召唤而抛弃你，还是应该遵从心理的、道德的底线而守着你”，是这个不是？

在大多数的情况下，从生理到心理，兄弟我都比较倾向于相信，对天底下大多数的俗人来说，都应该是生理决定心理。爱情什么的暂且存而不论，就说日常的吧，比方说，便便（包括大的和小的），它们纯属生理反应，正是这种生理反应决定了你彼时“急切”或者“焦虑”的种种心理反应——当然，我指的是“在大多数情况下”，有的时候，对某些不平凡的人士来说，也可能是先有了“急切”或者“焦虑”的那种高级心理反应，然后才导致了“好想去便便啊”的低级生理反应。

至于这个事它对也不对？这个要看从哪个角度来说了。我的意思是，你不可以武断地把一切“因为心里焦虑而产生的便意”定义为非法和不正常。再说，对不对，这个也不能由你单方面说了算。对你来说不对的事，对她来说那事就很对，你说是也不是？毕竟，那天晚上她在酒吧里露出来的那一截子腰肢是长在她自己身上的，无论是处在露出还是遮蔽状态，都与你老人家没有半毛钱关系。

别忘了，你是男人，你天生就自带了把性和爱分得一清二楚的强大区隔功能，就像你在单位里能够自动区分如何对待领导和如何对待下属。她可是女的，这事对她们来说有难度，就像她们在超市或淘宝上常常不能区分哪些货物是真正有用的、有需要的那样。

当然，身为男人，你的心情我理解。你不甘心，你不忿，你心心念念的内心独白是不是这样：“老子连她的全身都摸过了，凭什么要输给一个只是下意识搭了一下腰的家伙？！”这种想法和这种心情，我虽能理解，但不敢苟同。谈恋爱不是下围棋也不是买房子，并不以侵占区域的大小论成败。能不能让她感到、确信有反应以及还想有，那才是制胜的关键所在，否则，别说是下意识地搭一下下腰，就算你拼了老命，使出吃奶的力气，很“上意识”地持续地掐她大半天的脖子，就算你不辞辛劳地把她从脖子到腰、膝、脚脖子等一应肢体连接处都狠狠地掐上一遍，她没反应，你也是瞎忙活。

说了半天，我们其实都忘记了这个故事里最关键的那个人物——搂腰男。如果你在信中供称的“男同事怕人多下意识搭了一下腰，没想到肌肤一碰她就有了反应”属实，那么，事后她提出和你分手是真，而她是否能够或已经搭上该男同事，那可能就是另一回事了。毕竟，对方只是出于“怕人多”的动机并且仅仅只是“下意识”地搭了她的腰，她有反应是真，对方是不是也有同样或同类的反应，就更有可能属于另一回事的另一回事了。这，大概就是你抢回你那个极品“腰腰灵”的唯一的机会了。

扭腰下。

打蛇随棍上，扑汉顺山倒

公司新来的主管，海归，高帅富，一见到就眼前一亮，擦！这不就是我梦中的白马王子吗？！他好像也对我有好感，主动约我吃过两次饭（两次都是午饭）。不过，我也发现办公室里同时盯上他的女同事很多，所以，对我来说，此事已是刻不容缓了。但女的毕竟不好主动，据说主动都是没有好结果的。在这种进退两难的节骨眼上，请问我究竟该怎么办？跪求。

这位两难姐，为人处世，向来只闻一个劲儿挖空心思地要变被动为主动的，你倒好，反其道而行之，欲处心积虑地变主动为被动，何其反动也！

当然，你这点小心眼，也是昭然若揭的。谁都知道，就追求状态下的男女关系而言，表面上的“主动”方，其实是处于“被动方”的位置；而所谓“被动方”，实乃真正的“主动方”。这一番乾坤大挪移，阴阳大兜转，概因一个“求”字所致。谁求谁知道。

因而，事情明摆着，明明是你急着想主动追求该高帅富海归（还深感“刻不容缓”），却非要变主动为被动，把自身置于“被追求”的有利位置。借用电信术语，打电话，你是主叫方，他是被叫方，可你偏偏要强制性地让他来做主叫方，也就是说，相当于打了一个“对方付款电话”，collect call，由被叫方来付本应由主叫方来付的话费。又借用交管术语，道路之上，他是前车，你是后车，明明是你紧紧尾随，穷追不舍，一旦发生追尾事故，你却非要让机器人交警、大活人交警以及全体现场目击者都不约而同地得出同一个结论：不是你追尾，而是他突然减速或莫名急停。他这是逆向追尾，事是他挑的，贱是他犯的，他主动，他全责。

这也不是不可以，但是能不能得逞，就完全要取决于对方有没有要接你电话并且愿意付费的意思以及“交警”和围观者们能不能白痴到任由你误导了。

费那么大的劲，无非是出于对“女的主动，没有好结果”的一种不明觉厉的敬畏。这话自有道理，不可不信，但也不可全信。之所以不可全信，第一，系因对“好结果”在认定上的变迁。你父辈的人，因为信奉（或因种种客观因素而不得不信奉）“从一而终”和“白首偕老”，故以“男追女”作为保持婚姻长期稳定之必要前提。老话说，女追男，隔层纸，男追女，隔座山，easy come easy go。现而今，可是一个当下的幸福压倒一切的盛世、只要 easy come 管它 easy go 的时代，但凡能爽到霎时间天昏地暗，谁又会在乎永远的地老天荒？一层纸和一座山，虽然都是一捅就破的存在，但前者破的是窗户纸，后者破的却绝逼是自个儿的贱手，其间的风险，傻瓜都懂得如何趋避。第二，就算你信，但你能保证办公室里那些虎视眈眈的女伙伴们也都信么？

再说，你既起了“让他主动”这之意，继而生出“如何才能让他主动”之心，说明本质上还是得你主动。仁者心动嘛。你对他，明明是一见到就喜欢到合不拢腿，何苦要伪装成因被追尾吓得合不拢嘴？这个太有难度了，这个真犯不上。明明是你欲扑他，又何必假装成你被他扑？再怎么着，咱也得在局面上摆出个相扑的架势不是？

为今之计，不是于什么主动、被动上算计用心，而是要打蛇随棍上，扑汉顺山倒，积极备战，主动出击，尽快完成对他“是否真的对你有那种意思”的全面测试。毕竟，到你写这封信时为止，他只是约你吃了两顿饭，还是中饭。所以你的任务也很简单：首先把午饭吃成晚饭，接着把晚饭吃成夜宵，随之把夜宵吃成早餐，把早餐吃成早午餐，然后，从午饭到早午饭连起来完整地吃上一遍，最终，借力打力，把好感整成快感，把生米煮成熟饭。

淘米下。

闺密是你们的，男友是闺密的

女朋友刚刚找到男朋友,约了大家一起吃饭。结果一顿饭下来,我们三个闺密都觉得这个男生不靠谱。有人认为他一心对付自己女朋友，比如菜上来完全不考虑别人，最好的都直接给自己女朋友。有人发现那个男生出身一般，对我那个富二代女友几近讨好的阿谀。我不喜欢这个男的是加了他微信后发现他每天在朋友圈秀身材,但讲话却无营养。现在我们该不该把自己的意见表达给她,你觉得听上去是不是有点我们羡慕她的意思啊?

这位小闺密，关于你们仨是不是有点“羡慕她的意思”，像这样敏感的问题，本来我都不太好意思提，既然你在来信的最后忍不住还是主动问了，我也只能给你一个笑而不语的烂表情了。

据你所述，该男在饭桌和手机上的表现，在我看来充其量也就是有些不太晓事而已，“不靠谱”什么的现在下定论还有些早。你知道，热恋中人嘛，行为举止略轻浮，这个完全可以理解。再说，女朋友这种物体，如果不是用来无原则讨好难道是要拿来无底线虐待的么？至于“每天在朋友圈秀身材”什么的，主要还是因为人家有身材可秀，不秀白不秀。像我，能秀的只有食材。还有，你以为你的女朋友为啥要请你们吃饭？她不就是为了秀她的新男友及其好身材及其对她的“几近讨好的阿谀”么？相比之下，被你一路叨逼的什么“最好的菜”则完全不是重点。就知道吃。

反过来，在那天的饭局之上，如果菜一上来他就把最好的一一分给自己女朋友的三个闺密，并且全程都对你女友表现得不卑不亢，然后每天在朋友圈秀他女朋友的身材，扪心自问，你们难道就会坚信“出身一般”的他并不是在刻意讨好你们的闺密和他的富二代女友了么？

一旦有了先入为主的阶级观念，无论他怎么做，相信都不会让你们满意。尽管我本人也一直倾向于更看好“门当户对”的关系，但是，问题就算早晚会有，那也是人家自己的问题，对旁人来说，无论是看好还是不看好，也就是个“看”字。在这种饭局上，旁人的嘴，除了吃喝和祝福，还是以闭着为好。特别是像你们这种做闺密的，在此类事情上的态度尤其微妙——这不，你自己在碎碎数落了别人一大堆不是之后，也情不自禁地产生了“是不是有点羡慕她的意思啊”的自我怀疑，旁人尚有节操者如你尚且如此，当事者本人的神经可以敏感到何种程度，也就可想而知了。

总而言之，闺密是你们的，男友是闺密的，但是归根结底，男友还是属于别人的，除非你们姐几个要好到打算分享同一个男友，否则，做闺密的，什么该管，什么该说，心里得有个阿姨，嘴上要有个保安——要不，我还是换一种方式来把事情说得更清楚一些吧：现在，人家已经主动在你们面前高调地亮了一个相，闪亮地走了一回秀并且无底线地秀了一场恩爱，你们能做的，也就是面面相觑，明确表示“我们看到了”、“我们知道了”，然后默默地目送对方勾肩搭背、婀娜摇曳地走人，不能发表什么反对意见，更不能采取什么制止行动——对，如果你们现在有一点开始觉得贵“闺密圈”的功能和作用大体上就相当于那什么“防空识别区”，这绝对是一个可喜可贺的好兆头，它预示着你们的闺密之情以及你们闺密的爱情都将获得持续稳定健康的发展，最起码，大家都能过上一个和谐的好年。

手机打飞机下。

是真爱，就是要天天腻在一起的

我和女朋友是异地恋，两年了。她在上海，我在北京。一开始还好，因工作关系，她常来北京出差，一两个月就可以见个面。不过今年她换工作了，不用出差了，于是她就开始和我作，不断给我施压，要我去上海工作，天天陪着她。前天，还自说自话帮我找了个工作，非要我去面试。我是真的很爱她，但是她难道就不懂得“两情若是久长时，又岂在朝朝暮暮”的道理吗？异地恋真的不可行吗？只要两个人的心在一起，真爱就非要天天腻在一起吗？上海女人的想法，未免也太现实了吧？

这位仁兄，发起并参与异地恋不是你的错，企图长期保持异地恋的状态以及分裂割据的局面，就是你的不是了。人给你包邮包了两年，你这没良心的，不仅连个好评都不给，还理直气壮地指责别人，节操何在啊亲？！

不错，古人是说过“两情若是久长时”这一类的blabla，但这并不是什么道理，而是用来自我安慰的道具，你怎么能把安慰剂当成处方药给吃下去呢？古人的不得已而撸之，你怎么能一把就拿过来刻意而为之呢？但凡有条件，是真爱，就是要天天腻在一起的，天经地义，必须的。有条件要腻，没有条件创造条件也要腻，拧成一股绳，心往一处想，劲往一处使，汗往一处流，戮力同心地往死里腻，腻死算。否则，原本是路人的一男一女干嘛要恋爱？又为毛想还要结婚成家呢？两情若是相悦时，若不在朝朝暮暮，其必也凄凄惨惨。

“心在一起”什么的，那是文学比喻，是个中医的概念。对绝大多数的俗人来说，“人心”的所指和能指，都只局限在西医的解剖学意义上。也就是说，“人心”是不可能在一起的，它通常只能长在人体的左边，而欲拉近心与心之间的距离，也只能通过拉近人与人之间的肉体物理距离来达成。

当然，在某种情况下，真爱也不是不可以长期不在一起的，异地恋也是恋嘛。只是对当事双方来说，这需要极高的技术要求。你还别说，这事要是弄好了，那可是会比天天腻在一起的恋爱更刺激、更持久的。你看，散布在世界各地的那些海外爱国者，他们爱起国来的那个劲头，从力度到深度，从温度到湿度，绝对能让身为中国首都居民的你羞愧到抬不起头，感到万般沮丧，甚至开始怀疑祖国母亲不是你的生母而是你的老干妈，自己也只配做祖国母亲的干儿子，即便有了祖国，你也什么都不是。他们在“异地爱国”一事上的各种表现，无可辩驳地让你确信，异地恋的确比同城恋来得更美妙、更刺激、更健康、更道德、更科学、更安全而且更为人性化。

当然，欲达到这种的境界，还得有一个先决条件：被“恋”的那一方即“祖国母亲”的好脾气，大胸怀。对那些主动脱离她温暖怀抱里的游子，她老人家一直保持着慈祥的微笑，从来都不会像你的上海女人那样作，更不会乱发飙，就这样任由他们肆意地无拘无束地热爱着。如果你觉得你的女人打死也不可能有那么好的涵养，而你又不想放弃这个女人，那还是趁早就范吧，当然，你不妨也和她商量商量，是不是也能考虑来北京找个工作。毕竟，不就是换个城市继续你们平淡无奇的工作生活学习战斗和打卡么？不就是在空气质量越来越相似的北京和上海之间移动那么一下下么？多大点事，又不是要迁都。

戴 PM2.5 口罩下。

抽着事后烟，聊着事后天

我新婚半年的太太真的各方面都挺好的，温柔，漂亮，能干，比我还能讨我妈喜欢。可就是有一件事让我受不了，那就是在我们做爱之后，一定要我陪她聊天，没完没了地聊，有的时候，能不停地聊上几个小时（平时她其实不算话很多的）。我都快被她折磨死了。但如果不陪她聊，或者显示出不情愿，她就会当床翻脸，一个星期不理我，骂我没良心，不负责任。现在的我，每天看着床上美貌如花的她，心中实在是纠结极了，既渴望和她亲热，又恐惧事后陪她聊天。能给我支个招，救我于水火之中么？

这位纠结哥，天下男女之事，不可硬上马，必须软着陆。如果视性欲为一种病，那么，“病来如山倒”，说的就是你；“病去如抽丝”，指的就是你女人。即便双方共同达到了高潮，“山倒”之后，你切不可单骑绝尘而去，而应保持“泰山崩于前而不色变”之大将风度，将热度在高潮之后持续保温一段时间，耐心地陪着对方，将其烦恼丝一根一根地抽去。

"事后天"和"事后烟"一样长期备受争议。你觉得告一段落，她相信好戏还在后头；你认为自己功德圆满，她觉得你丫晚节不保。在"其兴也勃焉，其亡也忽焉"的男人看来，抽根"事后烟"，好歹也算是一种体力上的休整或一种精神上的反思，但聊"事后天"则纯属无聊；但是在你的女人看来，"事后天"那可是做爱的半边天，是一顿大餐之后的甜品，和刚刚结束的做爱同属于一个完整的过程，不可或缺的一环，就跟台湾一样，属于中国不可分割的神圣领土。

因此，不管彼时的你是有多疲软多空虚多无聊多不想聊，依然得强打精神陪聊，而且一直聊到她聊不动以及不会聊了为止，这的确是你应负的责任，万万不可推卸。对女人和对父母一样，男人之"不孝"，皆以无"后"为大。做后不聊天，就是耍流氓，你还是一特别没品的流氓。翻脸算什么，她就是当场掀床也不为过。

在对你的男人之苦深表理解的同时，能支给你的招，总体上也只能属于苦中作乐型的了。我的意思是说，对于她的事后话多，不妨单方面强行理解为那是对你方才表现的激赏，她这是全身心地觉得您实在是太特么棒了，棒到令她回味无穷，情难自禁，她是有多少贴心的话儿要对您讲，她是有多少热情的歌儿要对您唱！千言万语，不和您聊上一聊，不足以表达她对您滔滔不绝之景仰。

当然，要是你的阿Q境界比我想象的高出许多，你个人对"棒极了"的理解是"棒到无话可说了"，那么，你就权当是刚才看了一场电影，男主角是你，导演是她，而在电影的片尾，通常都会滚上一段演职员表的字幕，有时候还挺长。陪她聊事后天，就相当于坐在原处耐心地把这段"有声字幕"听完，这样，既表达了对导演工作的尊重，有的时候，还可以从中找到一些令人有意外惊喜的"彩蛋"，比如发现导演故意在故事中隐藏的线索、制作花絮、删节片段、NG 镜头、搞笑画面及其新片预告等等。

最后一招是一个险招：我能想到最有效也是最惨烈的善后，便是在尽可能短的时间里，重振旗鼓，再做一次。这虽谈不上什么善终，而且也总有一次善后需要处理，但当筋疲力尽的双方像一对战至第 12 回合的重量级职业拳手那样互相拥抱着喘息之际，没有死磕到底的力，只有同归于尽的心，此时此刻的“双方一致不想说话”，其善之大，莫小于“双方同时达到高潮”矣，既能免你陪聊事后天之苦，也足以敦厚人伦的了。

其实，聊天只不过是包括抽烟在内的各种床上善后事宜中的一种而已，我听说过的，还包括强迫对方一起收看电视购物节目并进行电话购物，把对方从床上拉扯起来一起做家务，洗被单，换床单，煮消夜，发微博，打僵尸，等等惨无人道，各种兽性大发；马后炮，饭后钟，千般秋后算账，万般后发制人——你这个，只不过是躺在原处动动嘴，知足吧你。

掩耳下。

说 明

本书所有篇目，大致在2012年至2014年分别及先后刊发于《周末画报》、《都市周报》和《睿士》等报刊；所有读者来信，均由匿名（个别为实名）写信者通过电邮、私信等方式间接或直接地交来。感谢《周末画报》的编辑王淑瑾小姐和《都市周报》的编辑沈丽小姐，长期以来代收、筛选和转发了大部分痴男怨女们的来信，感谢阮雯小姐参与本书部分校对工作，感谢本书责编雷淑容小姐和设计师朱赢椿先生，感谢毛尖小姐为本书作序。另，本书结集出版时，作者对原专栏文字做出了个别调整，如 iphone 4 改成 iphone 6、“锋芝恋”改成“锋菲恋”。希望在本书出版后的至少两个月里，若有再版的话，不会产生再度改回“锋芝恋”的刚需了。

作者谨识